D0992689

Dure soirée

Design graphique et infographie : Marie-Josée Lalonde
Révision : Élyse-Andrée Héroux
Correction : Anne-Marie Théorêt et
    Véronique Desjardins

DISTRIBUTEURS EXCLUSIFS :

Pour le Canada et les États-Unis :
MESSAGERIES ADP*
2315, rue de la Province
Longueuil, Québec J4G 1G4
Téléphone : 450-640-1237
Télécopieur : 450-674-6237
Internet : www.messageries-adp.com
* filiale du Groupe Sogides inc.,
    filiale de Quebecor Media inc.

Pour la France et les autres pays :
INTERFORUM editis
Immeuble Paryseine, 3, allée de la Seine
94854 Ivry CEDEX
Téléphone : 33 (0) 1 49 59 11 56/91
Télécopieur : 33 (0) 1 49 59 11 33
Service commandes France Métropolitaine
Téléphone : 33 (0) 2 38 32 71 00
Télécopieur : 33 (0) 2 38 32 71 28
Internet : www.interforum.fr
Service commandes Export – DOM-TOM
Télécopieur : 33 (0) 2 38 32 78 86
Internet : www.interforum.fr
Courriel : cdes-export@interforum.fr

Pour la Suisse :
INTERFORUM editis SUISSE
Case postale 69 – CH 1701 Fribourg – Suisse
Téléphone : 41 (0) 26 460 80 60
Télécopieur : 41 (0) 26 460 80 68
Internet : www.interforumsuisse.ch
Courriel : office@interforumsuisse.ch
Distributeur : OLF S.A.
ZI. 3, Corminbœuf
Case postale 1061 – CH 1701 Fribourg – Suisse
Commandes :
Téléphone : 41 (0) 26 467 53 33
Télécopieur : 41 (0) 26 467 54 66
Internet : www.olf.ch
Courriel : information@olf.ch

Pour la Belgique et le Luxembourg :
INTERFORUM BENELUX S.A.
Fond Jean-Pâques, 6
B-1348 Louvain-La-Neuve
Téléphone : 32 (0) 10 42 03 20
Télécopieur : 32 (0) 10 41 20 24
Internet : www.interforum.be
Courriel : info@interforum.be

02-12

© 2012, Les Éditions de l'Homme,
division du Groupe Sogides inc.,
filiale de Quebecor Media inc.
(Montréal, Québec)

Tous droits réservés

Dépôt légal : 2012
Bibliothèque et Archives nationales du Québec

ISBN 978-2-7619-3277-6

Gouvernement du Québec – Programme de crédit
d'impôt pour l'édition de livres – Gestion SODEC –
www.sodec.gouv.qc.ca

L'Éditeur bénéficie du soutien de la Société de développement des entreprises culturelles du Québec pour
son programme d'édition.

Conseil des Arts   Canada Council
du Canada   for the Arts

Nous remercions le Conseil des Arts du Canada de
l'aide accordée à notre programme de publication.

Nous reconnaissons l'aide financière du gouvernement du Canada par l'entremise du Fonds du livre du
Canada pour nos activités d'édition.

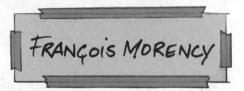

François Morency

Dure soirée

Histoires vraies et autres humiliations

Préface de Claude Meunier

LES ÉDITIONS DE L'HOMME

Une compagnie de Quebecor Media

PRÉFACE

Me taper un bide en Ding et Dong devant des millions de téléspectateurs en France, mettre accidentellement le feu à la scène dans un numéro d'ouverture à Baie-Comeau, barrer du dos pendant un numéro de striptease à la Place-des-Arts, perdre ma perruque pendant un spectacle sans m'en rendre compte, avoir un trou de mémoire en duo (!) avec Serge Thériault, oublier un des Paul et Paul sur le bord de la route de Saint-Irénée en plein mois de mars et le retrouver huit heures plus tard, après avoir cru sincèrement qu'il s'était volatilisé ou « auto-consumé » (!!)... Ce sont tous là des faits vécus, avec angoisse ou malaise, par le formidable auteur de cette préface. Des événements qui paraissent drôles après coup, mais qui l'ont été passablement moins au moment où ils se sont produits…

Les humoristes, on le sait, font souvent rire en se moquant des travers et des déboires des autres, jamais des leurs !! Ils se moquent du voisin, de leur boss, du vendeur d'assurance, de leur femme, de leur chien, mais jamais d'eux-mêmes. Pourtant, les humoristes sont humains eux aussi, du moins à l'occasion. Ils ont le droit d'être ridicules… et ridiculisés !

Les anecdotes recensées par monsieur Morency (il m'a demandé de l'appeler comme ça) nous font voir justement que la vie de comique n'est pas toujours drôle… Comment François a-t-il réussi à convaincre ses pairs de se « mettre à nu » et de nous livrer leurs souvenirs embarrassants, voire humiliants ? Leur a-t-il promis, à eux aussi, 60 % des recettes de son livre ?

Essayer de dérider une salle alors qu'un dur à cuire vous a promis une raclée à la fin de la soirée… s'exécuter devant des travailleurs de chantier en mal de danseuses nues… apercevoir son ex accompagnée de son nouveau copain, tous deux assis dans la première rangée… Tout cela fait partie des choses drôles de la vie d'un comique.

Bref, un recueil de moments pénibles, mais ô combien savoureux!

François a travaillé d'arrache-pied afin de pondre ce livre unique (il sait à peine lire… il sait juste écrire, en fait) et de permettre à ses amis du métier d'y apparaître tantôt risibles, tantôt naïfs, mais plus souvent qu'autrement franchement ridicules. Merci, François!

Cela dit, j'ai lu à plusieurs reprises et avec plaisir le titre du livre de François. J'ai bien hâte de lire le reste…

Claude Meunier

P.-S.: Ni Yvon Deschamps ni La Poune ne m'ont déjà demandé de préface. François (Francis?) Morency, lui, n'a pas hésité. C'est ce qui, à mes yeux, le place parmi les plus grands.

INTRODUCTION

Bonjour, groupe,

Après 19 ans de carrière, voici mon premier livre. Que j'écris. J'en ai lu quelques-uns. Sans compter de nombreuses brochures, ainsi que quelques messages flottant derrière les avions quand je vais dans le Sud. «Tonight Fiesta Surf & Turf $12.99» est de loin mon préféré. La fin est par contre plutôt prévisible.

En ce qui concerne l'écriture, je ne suis pas encore totalement familiarisé avec certaines procédures littéraires d'usage, comme, entre autres, celle de débuter avec une introduction. Mon éditeur m'a dit qu'il devait absolument y en avoir une.

Cela est nouveau pour moi. En humour, il n'y a pas d'introduction. On n'entre pas sur scène avant le spectacle pour dire aux gens: «Alors, dans quelques instants, je vais raconter des blagues, à la fin desquelles vous devrez rire, sinon il y aura malaise et personne ne veut ça. Il y aura du son, de l'éclairage et un entracte pendant lequel vous pourrez consommer certaines gâteries. Ce soir, c'est la Fiesta Surf & Turf pour 12,99 $.»

En humour, le show commence quand le show commence. Mais en littérature, il faut une introduction. Alors, allons-y!

Bonjour, mon nom est François Morency.

Voilà. Maintenant que je suis introduit, on commence.

« C'est toi qui fais le show tantôt ?

– Oui.

– Ça te dérange pas si on sniffe une ligne pendant que tu te prépares ?

– Une ligne ?

– Ou deux ! Ha ! Ha ! Ha !

– Euh… Ok.

– En veux-tu ?

– Non merci.

– Ça pourrait t'aider à être drôle !

– J'vais m'essayer naturel. »

Décembre 1992. J'arrive à peine sur le circuit des spectacles corporatifs. Mon baptême a lieu lors du party de Noël d'une compagnie de portes et fenêtres de la rive sud de Québec.

L'événement se déroule dans un hôtel et comme c'est la coutume, une des chambres m'est assignée comme loge. Ce qui est moins traditionnel, c'est que la loge sert également au pusher de la compagnie, qui y reçoit les employés désirant aspirer quelques vapeurs de bonheur pendant la soirée. Après que j'ai vu et senti défiler une trentaine d'amateurs de fines herbes pendant que je tentais de me préparer, le vrai show commence.

Tous les humoristes vous diront qu'un des problèmes majeurs des spectacles corporatifs est la #!@*?* de piste de danse installée directement devant la scène. Les premiers spectateurs sont donc à 75 pieds de l'artiste, ce qui rend le contact avec la foule plutôt difficile. Eh bien, ce soir-là, les organisateurs ont trouvé une manière brillante de doubler le problème. La salle est divisée dans le sens de la largeur : à gauche, 250 personnes ; au centre, la piste de danse ; à droite, 250 personnes. Je suis donc au milieu de la foule, debout sur un cube de trois pieds carrés, à faire une joke à droite, une joke à gauche, une joke à droite, etc.

L'organisateur de la soirée, qui a probablement des liens très intimes avec le distributeur de poudre magique, désirait maximiser le divertissement. C'est pourquoi il a engagé un autre rigolo, celui-là portant un costume de père Noël de couleur verte, d'où son excellent sobriquet : le Père Vert. Donc, pendant mon spectacle, le Père Vert se promène dans la salle, en patins à roulettes, pour garrocher des bonbons aux spectateurs. Est-ce là que s'arrête le carnage ? Non. Car, pour assassiner définitivement mes chances de succès, le DJ de la disco mobile qui doit sévir après moi, ne voulant pas être en reste dans cette orgie de conditions minables, décide de ponctuer mon spectacle d'effets sonores variés. C'est ainsi qu'après une blague on peut entendre un « Ahhhhhh », après une autre, un « Noooon ! ». Aussi au programme, des sons de klaxons, des rugissements de lions et des bruits d'explosion.

Voilà le genre d'histoires que les humoristes adorent se raconter lorsqu'ils se retrouvent ensemble. On ne se raconte pas des blagues, on se raconte nos échecs. Ça nous amuse. C'est un des nombreux points qui distinguent notre profession des autres ; je doute que les avocats se tordent de rire en décrivant les détails de leurs échecs en Cour suprême. À moins qu'un des juges soit déguisé en Père Vert.

Mais chaque humoriste a ses histoires d'horreur, et il en est fier ! Certaines datent du début de sa carrière, d'autres sont plus récentes. Certaines ont amené le comique à se remettre sérieusement en question, d'autres tendent davantage vers le bizarre, les pires ont laissé des cicatrices. Nos discussions de coulisses à Juste pour rire ou au party du gala Les Olivier se transforment souvent en concours de qui a vécu la pire humiliation. Je vais ici vous raconter ces histoires, les miennes comme celles de mes collègues. À vous de décider du vainqueur.

J'ai toujours été reconnu comme un gars rigoureux, un acharné totalement absorbé par son travail qui s'occupe de chaque détail. Ce n'est pas vraiment séduisant, mais c'est vrai.

Je n'avais jamais rencontré quelqu'un d'aussi obsessif que moi, encore moins quelqu'un qui l'est davantage, jusqu'à ce que Louis-José arrive dans le paysage humoristique québécois. Plusieurs amis communs avaient vu en nous de futurs compagnons de thérapie pour joke-aholics pas vraiment anonymes. Ce pronostic fut confirmé en juin 2010. LJH et moi partagions la scène du St-Denis dans le cadre d'un spectacle-bénéfice, et nous sommes allés manger ensemble après. Nous sommes arrivés au resto à 21 h 30, en sommes sortis à 3 h du matin, et pendant tout ce temps nous n'avons abordé qu'un seul sujet : l'humour. L'écriture, les influences, les festivals, les producteurs, nos salles préférées ; nous en étions presque rendus au thème de la meilleure pile pour un micro sans fil lorsque le serveur nous a demandé : « Est-ce que vous quittez ou si on vous prépare un déjeuner ? »

Chose difficile à croire aujourd'hui, en début de carrière, LJ s'est fait congédier trois fois dans la même année. Les stations de radio NRJ-Québec, NRJ-Trois-Rivières et le réseau de télévision TQS, où il travaillait sur l'émission *Les Gingras-Gonzalez*, l'ont tous remercié à quelques mois d'intervalle. Il a alors compris que sa place était sur la scène, là où il contrôle complètement son environnement. Sauf la fois où…

Le maillet

… il est en spectacle à Trois-Rivières, au bar Le D'artagnan's. Encore inconnu de la presque totalité des Québécois en ce début de l'année 2000, il est l'invité principal d'une soirée qui met aussi en vedette Dominic Paquet et Gilles Guindon ; ce dernier sera rendu célèbre par LJH à son émission *Dollaraclip*, sur les ondes de MusiquePlus, durant laquelle il apparaissait fréquemment en arrière-plan, torse nu avec une serviette blanche autour du cou. Dès le début de son tour de blagues, Louis-José remarque que, dans la première rangée, un jeune très costaud a les bras croisés et ne rit absolument pas, à aucune de ses facéties. (J'avais juré d'utiliser le mot « facétie » au moins une fois dans le livre. Sachez de plus qu'il n'existe pas 400 synonymes différents pour le mot « blague ».)

Cette situation est commune à tous les humoristes que je connais, sans exception, et ils vous diront tous la même chose : dans la vaste majorité des salles, on ne peut voir les spectateurs. Nous avons devant nous un immense espace noir avec des panneaux lumineux rouges « Sortie » éparpillés un peu partout. Nous pouvons cependant, en nous y attardant quelques secondes, voir les visages des gens assis en première rangée. Si par malheur notre regard croise celui d'un ou d'une baboune-bras-croisés-aucun-plaisir-avec-face-de-on-me-force-à-être-ici-j'ai-juste-hâte-que-ça-finisse, même si nous sommes au Centre Bell et que les 19 999 autres spectateurs perdent tous leurs fluides à force de rire trop fort, notre esprit reviendra sans cesse vers cette personne insatisfaite. C'est quoi son problème ? Va-t-elle finir par craquer ? Parle-t-elle français ? Et surtout, pourquoi venir voir le show d'une personne qu'on n'aime pas et s'asseoir À LA PREMIÈRE RANGÉE ?

Toutes ces questions traversent donc l'esprit du jeune Houde de l'époque, surtout que l'insatisfait baraqué lui donne de l'attitude ; non seulement il ne rit pas, il y va même de quelques mimiques de dégoût en bonus. Cherchant une façon de casser cette bizarre d'énergie, LJ va s'adresser directement à lui après une plaisanterie en lui demandant : « Pis toi, qu'est-ce t'en penses ? » La réaction du robuste bouder ? Il se lève et se dirige vers l'arrière du bar, donnant l'impression que le problème est maintenant réglé. Mais c'est à peine quelques minutes après qu'il redonne signe de vie, alors qu'il s'exclame : « Esti de crisse de maillet ! »

Oui, « maillet » est une insulte. Rares sont les outils de menuiserie que l'on peut simplement évoquer pour faire de la peine à quelqu'un, mais il semble que « maillet » en soit un. C'est donc à quatre ou cinq reprises que le trapu désagréable hurlera « maillet », et rien n'indique qu'il a l'intention de s'arrêter.

Être sur scène avec un micro peut parfois donner une illusion d'invulnérabilité. Cette sensation était possiblement augmentée par le fait qu'en se faisant traiter de l'objet qui se trouve à être l'arme du superhéros Thor, LJ a senti la confiance nécessaire pour répliquer : « Tu parles plus fort quand t'es loin de moi ! » Cette réplique motive le Louis Cyr de la mauvaise humeur à s'avancer et à dire :

« Tu te trouves drôle ?

– Plus drôle que toi, en tout cas.

– T'es pas drôle pantoute, esti de maillet.

– Bon, ben viens sur scène nous montrer à quel point t'es bon. »

Cette technique du « céder le micro » est très souvent utilisée lorsqu'un spectateur turbulent devient un vrai problème. Patrick Groulx, Jean-Michel Anctil et quelques autres m'ont avoué l'avoir appliquée pour faire taire les plus bavards, et ça fonctionne très bien. Une fois seul sur scène, avec la chaleur des projecteurs et l'attention de tous les spectateurs, l'emmerdeur se rend compte qu'il n'a rien à dire et en moins de quelques minutes il retourne sagement à sa place, la queue entre les jambes.

C'est exactement ce qui s'est passé avec le flegmatique musclé. Mais, non satisfait de sa victoire acquise noblement, LJ « Thor »

Houde en rajoute une couche. Lorsqu'il croise l'athlétique bougon en retournant sur scène, il lui glisse à l'oreille :

« T'as-tu eu l'air assez cave à ton goût ? »

Alors la bagarre éclate. LJ évite de justesse un puissant upper-cut aux côtes. Les portiers du bar s'en mêlent et sortent le trapu grognon de l'endroit. Ensuite, dans un état second, LJ remonte sur scène et dit : « Excusez-moi, je vais m'asseoir, les jambes me sha-kent. » Les gens applaudissent, et le spectacle se poursuit aussi normalement que possible dans les circonstances.

Une fois en coulisses, LJ raconte le tout à Paquet et Guindon, qui n'ont rien vu de tout cela, trop occupés à profiter des chips et de la bière gratuite.

L'histoire ne se termine pas là, car Louis-José apprend que son adversaire de la soirée est un ex-détenu, réputé pour quelques exploits impliquant ses poings. Pendant les dix années qui ont suivi cette aventure, à chacune de ses présences à Trois-Rivières, il était réellement nerveux à l'idée de recroiser le solide colérique. Ses soupers au restaurant, ses allées et venues à l'hôtel, ses sorties d'après-spectacle se faisaient toujours avec une touche d'anxiété et quelques accompagnateurs.

C'est finalement en 2010, après un spectacle, alors qu'il est assis à prendre un verre, que LJ sent une main sur son épaule et entend une voix vaguement familière lui dire : « Te souviens-tu de moi ? » Le voilà. Le vigoureux maussade. (J'ai vraiment épuisé ma banque de synonymes pour qualifier ce personnage, il est temps que cette histoire s'achève.) Dans de meilleures dispositions, il avoue avoir été à l'époque sous l'influence de substances, et dit regretter ce qui s'est passé. Tous les deux ont parlé pendant une heure de choses et d'autres. Et de maillets.

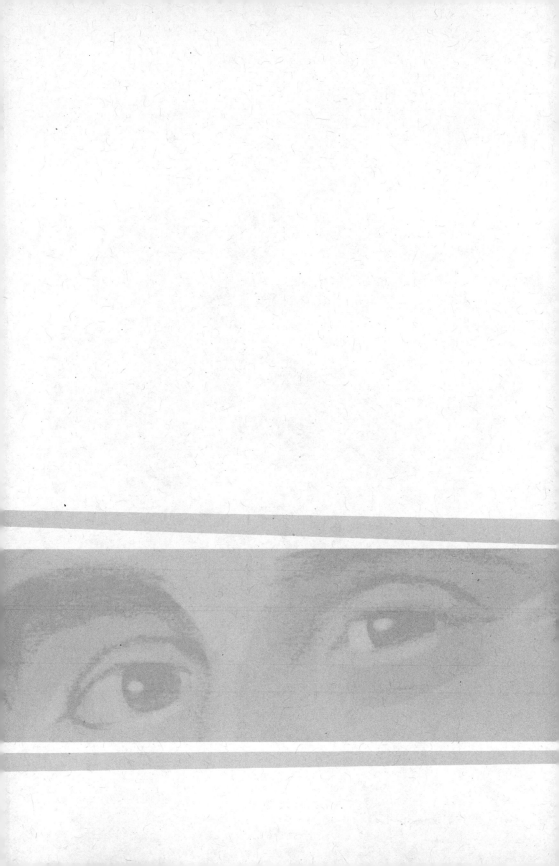

En juin 2011, je roulais sur l'autoroute 30 vers Montréal lorsqu'une voiture antique avec une planche de surf sur le capot arrive à ma hauteur et klaxonne. Me doutant que le conducteur n'était pas Charles Tisseyre, j'ai constaté que c'était Michel Barrette qui me faisait signe de me ranger sur le bord de la route. Ça semblait urgent. Il avait entendu dire par je ne sais trop qui que j'étais en train d'écrire ce livre, et il tenait à me dire, à ce moment précis, alors que des 18 roues nous frôlaient les oreilles à 120 kilomètres à l'heure, qu'il tenait ABSOLUMENT à participer. C'était presque une menace.

« Ok, Michel. C'était ça, ton urgence ?… As-tu déjà entendu parler du téléphone ?

– Oui, j'ai un cellulaire, mais je sais pas comment il marche. J'veux dire, je peux répondre mais je sais pas comment appeler.

– Ok. Je vais t'appeler. »

De toute façon, Barrette était le premier sur ma liste d'humoristes à rencontrer. D'une part, un vétéran qui a 25 ans de carrière ne peut avoir fait un si long chemin sans s'être enfargé à quelques reprises. De plus, sans croire à la réincarnation, j'ai la certitude que Michel a vécu au moins 15 vies. Comment expliquer autrement le fait qu'il a toujours deux douzaines d'anecdotes à raconter, et ce, peu importe le sujet abordé ?

Les animaux ?

« Me suis déjà fait attaquer par une meute de loups. »

Le tennis ?

« Mon chum Marcel d'Alma s'est déjà battu avec John McEnroe. »
Kim Jong-Il, ex-dictateur de la Corée du Nord ?

« Je suis allé, avec lui et John McEnroe, voir le film *Il danse avec les loups*. »

Pour me raconter ses histoires, il m'a donné rendez-vous à la cafétéria de Radio-Canada. Entre son téléphone qui a sonné cinq fois et ses salutations à toutes les personnes qui passaient autour de nous, il a passé 90 minutes debout à me livrer, avec minutie et avec l'énergie d'un gars en spectacle, les détails d'une dizaine d'histoires qui se chevauchaient presque toutes dans la chronologie et impliquaient des dizaines de personnes différentes. Je prenais des notes comme un fonctionnaire du ministère des Transports qui tente de faire l'inventaire des cônes jaune orange en plein mois de juin.

Je vais tenter de vous résumer cette tornade de fables et de contes.

As-tu eu ton chèque ?

Michel a tout fait. Des spectacles – avec ses dents ou pas de dents –, des pubs, des galas, du cinéma, des téléséries, des animations à la télé, de la radio, des personnages comiques et des rôles dramatiques dans lesquels il est on ne peut plus crédible. Tout cela démontre sa grande polyvalence, mais, de son propre aveu, certains de ces contrats ont été acceptés à une époque où ses conseillers du moment avaient la mentalité : « As-tu eu ton chèque ? Oui ? Ben c'est quoi ton problème ? » Car, oui, le mythe du gérant qui vend son artiste comme on vend de l'essence, c'est-à-dire sans aucune autre considération que le souci de faire une vente et de lui soutirer du cash, existe bel et bien.

Un de ces engagements a eu lieu dans les années 1986-1987. Une entreprise de commerce au détail en alimentation engage

Michel version gencives, c'est-à-dire Hi-Ha Tremblay, pour faire un spectacle dans le cadre de son party de Noël, dans un hôtel de Laval. L'heure à laquelle un spectacle corporatif doit débuter est cruciale, surtout dans le cas d'un party du temps des fêtes. Bien qu'un certain retard soit normal dans ce type d'événement à cause, entre autres, du service de la nourriture, plusieurs humoristes et chanteurs vont spécifier au contrat qu'ils ne monteront pas sur scène au-delà d'une certaine heure, souvent 22 h, heure après laquelle les effets du coco-cognac à volonté payé par l'entreprise sont dévastateurs sur le niveau d'attention des convives. Ce spectacle devait débuter à 1 h du matin. Boing! Premier signal d'alarme.

Une autre chose que la presque totalité des comiques détestent dans ces circonstances : être une surprise. Souvent, les organisateurs veulent surprendre leurs collègues en n'annonçant pas qui est l'invité spécial, en taisant même le fait qu'il y aura un spectacle pendant la soirée, ce qui n'est pas une bonne idée. D'une part, il arrive souvent que plusieurs personnes décident de quitter tôt un party qui leur semble ennuyant sans savoir ce qu'ils vont manquer. D'autre part, un public prévenu de la présence d'un artiste invité sera beaucoup mieux disposé à profiter du spectacle, et tous seront gagnants. Ce soir-là, Michel était une surprise. Boing !!

Il se présente donc vers minuit et demie, retire ses dents, enfile son chapeau de déficient et va, comme c'est toujours le cas, se cacher dans les cuisines de l'hôtel pour attendre qu'on le présente. Minuit 45, 1 h, 1 h 15, 1 h 30, pas de nouvelles de personne, et Michel a pas mal épuisé son répertoire de blagues de casseroles afin de divertir cuisiniers et serveurs qui attendent avec lui depuis les 60 dernières minutes.

Normalement, en situation de show privé, l'humoriste est toujours accompagné d'un technicien qui, en plus de s'occuper du son et de l'éclairage, va faire le lien entre l'organisateur et le maître d'hôtel afin de s'assurer du timing de la soirée.

Michel était seul. Boing !!!

Il décide donc de sortir dans la foule, déguisé en Hi-Ha, à la recherche de l'organisateur. L'ensemble des gens présents, qui profitent d'un bar ouvert depuis midi (Boing!!!!), sont dans un état second. Le voyant passer, certains le reconnaissent et jasent un peu avec lui. En fait, les discussions ressemblent pas mal toutes à :

« Eille ! Hi-Ha Tremblay ! Ha ! Ha ! Ha ! Qu'essé tu fais icitte, câlisse ? !!

– Y est où, votre boss ?

– Dis-moi 25 ans minimum !

– 25 ans minimum !

– Ha ! Ha ! Ha ! Câlisse ! Y est là-bas ! »

Pendant une vingtaine de minutes, Michel va de table en table à la recherche du patron qui l'a engagé. Il le trouve finalement. Il est tout aussi détérioré que ses employés, dansant sans aucun rythme, la chemise grande ouverte avec la cravate attachée autour du front.

Voici leur discussion :

« Eille ! Hi-Ha Tremblay ! Merci d'être venu !

– Ça fait plaisir !

– Dis-moi 25 ans minimum !

– 25 ans minimum !

– Ha ! Ha ! Ha ! Câlisse ! Ton spectacle était excellent !

– Euh… hein ?

– Vraiment bravo !

– Oui. Merci.

– Veux-tu une bière ?

– Non, il faut que j'y aille, y est quand même tard !

– 25 ans minimum ! Ha ! Ha ! Ha !

– Oui !

– Ha ! Ha ! Ha ! Câlisse !

– Est-ce que je pourrais avoir mon chèque ?

– Certainement ! Tiens, le v'là ! Et encore bravo ! »

Il a été payé mais n'a jamais fait le show. Donc, lorsqu'il a appelé son gérant le lundi matin en lui demandant de lui expliquer comment il avait pu l'envoyer faire un spectacle dans des conditions semblables, ce dernier lui a demandé :

« As-tu eu ton chèque ?

– Oui.

– Et en plus, t'as même pas eu à faire de show ?

– Non.

– Ben, c'est quoi ton problème ? »

Boing !!!!!

Les portes du pénitencier

Il arrive que chanteurs et humoristes soient engagés pour divertir les prisonniers. J'ai personnellement vécu l'expérience au Centre de détention de Rivière-des-Prairies, avec mes collègues de l'École nationale de l'humour, en 1992. J'aimerais vous dire que c'était un show comme les autres, mais je ne peux pas. Les prisonniers ont été très généreux comme public, l'administration nous a très bien accueillis, mais j'ai simplement vu beaucoup trop de films de prison et de mafia pour ne pas avoir senti un petit quelque chose de différent. Je ne m'attendais pas à voir le Noir de 500 livres avec des pouvoirs magiques du film *The Green Mile*, ni le gardien fou furieux de *Shawshank Redemption*, ni 16 gars en gilet rayé noir et blanc faire une chorégraphie sur *Jailhouse Rock*, ni à me faire aborder par un détenu qui me demande : « Peux-tu me laisser tes petites culottes, j'aimerais les sniffer ? » (Avant de me traiter de débile grotesque, sachez que cette réplique est extraite du film *Le Party* de Pierre Falardeau. Apprenez vos classiques !)

Mais passer par les nombreux contrôles de sécurité avec barreaux, grillages et barbelés donne une impression tout simplement trop crue de la réalité des prisons pour ne pas sentir quelques petits frissons de malaise.

Michel Barrette a lui aussi senti ses organes génitaux rétrécir lors de son passage à l'établissement Leclerc de Laval, au début des années 1990. C'est que parmi la foule de 300 détenus venus écouter les histoires de Hi-Ha Tremblay se trouvait un dirigeant très, très haut placé de la mafia italienne, que je ne nommerai pas ici. Pour les besoins de l'histoire, appelons-le Monsieur Bikini.

Michel est tout à fait au courant de la présence de Monsieur Bikini et de son imposant entourage de partenaires d'affaires, mais certains détails lui échappent avant le début du spectacle. Le problème, c'est qu'un des numéros qu'il doit présenter est un tour du monde ; Hi-Ha Tremblay prétend avoir voyagé partout sur Terre, et il passe en revue tous les pays visités, avec quelques blagues sur chacun d'entre eux. C'est alors qu'il est sur scène et qu'il en arrive aux blagues portant sur l'Italie qu'il se rend compte de ce qui est en train de se passer : il s'apprête à insulter la patrie de l'homme le plus puissant et le mieux connecté de la prison, et ce, devant ses nombreux compatriotes, coprisonniers et gardiens. La prochaine blague qui doit normalement sortir de sa bouche est : « L'Italie, c'est comme une botte : même forme, même couleur et même odeur. » Quelque chose, appelons cela l'instinct de survie, l'empêche de prononcer ces mots. Il enchaîne donc avec la blague suivante qui, elle aussi, quoique beaucoup moins violemment, aborde le même sujet : « En Italie, j'ai vu la tour de Pizz ! La tour de Pizz, ça, c'est 22 000 pizzas empilées une par-dessus l'autre, mais ils ont mis toute le pepperoni du même bord, faqu'elle penche sur le côté. » La blague est plutôt inoffensive, et on comprendrait mal comment des Italiens pourraient s'en offusquer. Mais nous sommes en prison ; les règles sont différentes, et la notion de respect prend une tout autre importance.

Après la joke, un silence total envahit la salle. Personne ne dit ni ne fait quoi que ce soit. Dans la tête de Barrette, cette pause funéraire a duré trois jours ; juste le temps nécessaire pour exposer son corps au salon et mettre une annonce dans la section nécrologie afin d'inciter les gens à donner généreusement à la Fondation des édentés qui sont allés trop loin. Dans les faits, elle dure deux secondes pendant lesquelles on attend la réaction de Monsieur Bikini pour décider du sort du comique ; est-ce que César va pointer son pouce vers le haut ou vers le bas ? Le suspense se termine par un large sourire qui s'affiche sur le visage du parrain, qui se met à applaudir ; tous les autres prisonniers suivront dans le même sens, pendant que Michel déchire le testament qu'il venait de compléter.

L'événement est immortalisé sur une photo où Michel pose avec Monsieur Bikini, et ce dernier porte le chapeau de Hi-Ha. Disons simplement qu'elle n'a pas été publiée dans les médias.

jean-françois MERCIER

En février 2004, j'animais *Merci bonsoir*. Alors que nous étions en plein Jour de la marmotte, je voulais profiter du monologue d'ouverture pour m'entretenir avec le rongeur lui-même. Il fallait donc trouver un comédien prêt à se déguiser en marmotte ; ce premier critère à lui seul éliminait une bonne partie du bottin de l'Union des artistes. Lorsqu'une offre débute par : « Voudriez-vous venir à la télé faire une marmotte avec Morency ? », on oublie assez rapidement Roy Dupuis, Robert Lepage et Andrée Lachapelle. Outre le fait de porter le costume, le brave devait incarner un siffleux très agressif qui confiait son vécu de petite bête exaspérée qu'on réveille chaque année pour savoir s'il va encore neiger. Les mots « très agressif » m'ont fait penser à Jean-François, que j'avais déjà engagé quelques années plus tôt afin qu'il collabore avec moi aux textes de mon deuxième one-man-show. Il a accepté de se prêter au jeu, mais une fois en direct devant les caméras, un trou de mémoire l'a fait se figer pendant quelques secondes qui nous ont semblé une éternité. Le tout a été récupéré sans graves conséquences – on parle quand même ici d'une marmotte –, mais ce moment de vide et de panique était un prélude à ce qui allait devenir son pire cauchemar professionnel.

Mémoire vive

En 2007, le Festival Juste pour rire présente un gala hommage à Yvon Deschamps, où plusieurs humoristes livrent leur interprétation des textes du grand maître. Avec l'expérience d'un seul gala JPR[1] derrière le t-shirt, Jean-François s'attaque au très marquant *Les unions qu'osse ça donne*, qu'il modifie et actualise à la réalité contemporaine. Comme c'est toujours le cas pour des numéros créés lors d'événements spéciaux, le texte s'est considérablement modifié entre sa première version et celle qui sera faite au gala. On écrit un premier jet, on en parle avec des collaborateurs, ils nous disent ce qu'ils n'aiment pas, on les insulte en les traitant de minables et on retourne travailler. Ce processus peut se répéter jusqu'à une quinzaine de fois avant que l'auteur du texte soit pleinement satisfait.

Comme c'est toujours le cas aussi, un télésouffleur est mis à la disposition des artistes qui désirent voir ce qu'ils ont à dire sur un écran placé au fond du St-Denis, car la nervosité a sur la mémoire le même effet que la lumière sur les coquerelles : elle arrive et tout disparaît.

C'est le grand soir. JF commence son numéro avec une relative confiance, mais pendant les premières minutes de sa performance, il constate que, sur l'écran, son texte défile à grande vitesse, de haut en bas et de bas en haut. Visiblement, quelque chose ne va pas avec la machine, ou bien celui qui s'en occupe vient de terminer un concours de shooters de vodka avec des marins russes. Cette distraction, combinée à la nervosité de jouer devant son idole à qui on rend hommage et au manque d'expérience, lui donne un solide et total trou de mémoire. Plus rien. Zéro. Son esprit est encore plus vide que le frigidaire d'un appartement de cégépien.

Comme un noyé cherchant une bouée, il jette un coup d'œil au télésouffleur, mais le texte qui y apparaît n'est pas le bon. Le

---

1   Juste pour rire.

moniteur affiche la première version du numéro, alors que lui doit réciter la douzième. (C'est la raison pour laquelle la personne en charge cherchait frénétiquement les bons mots depuis le début ; elle n'avait pas le bon texte.)

JF est donc sur scène, complètement figé, ne sachant plus du tout où il en est. Il balbutie, tente de se reprendre, de jouer avec la foule, sort un papier de ses poches sur lequel il a gribouillé quelques notes, y jette un œil ; le malaise dure en tout une bonne minute. Si une année de la vie d'un humain équivaut à sept ans dans la vie d'un chien, sachez qu'une minute passée sur scène à JPR sans savoir quoi dire équivaut à 25 ans d'écartèlement. Et dans le cas d'un gala hommage à Yvon Deschamps, on rajoute un 10 ans de tisons ardents sur les testicules.

JF réussit finalement à reprendre un semblant d'élan et, au moment où il a le vent dans le dos, un autre trou de mémoire se pointe, tout aussi spectaculaire et sans pitié. Encore une fois il hésite, se reprend, transpire, songe à retourner aux études, à changer d'identité, au suicide, à ce qu'il va faire à la personne qui a donné le mauvais texte au télésouffleur, au costume de marmotte que je lui ai déjà fait porter…

Comme pour tous les autres confidents rencontrés pour ce livre qui ont vécu un échec durant un gala, l'après est beaucoup plus pénible à vivre que le pendant. On pense juste à quitter les lieux de la débarque et les regards de ceux qui en furent témoins. Être ailleurs et idéalement seul, mais surtout ailleurs. Et une fois qu'on est ailleurs, l'autoflagellation commence. Dans le cas de Jean-François, on parle ici d'une peine de six mois. Six mois à être prisonnier du souvenir de cette damnée soirée, à la revivre à l'endroit comme à l'envers, à tout moment de la journée, comme une vieille chanson irritante qui reste imprégnée dans la tête, comme un genre de *Danse des canards* dont toutes les lignes se terminent par : « Car t'es vraiment nul à chier, coin-coin-coin-coin. »

Le cerveau humain est bizarrement construit. Comment expliquer qu'on se rappelle aussi bien d'un oubli? Pourquoi la faculté de se remémorer les détails, qui fonctionne si bien après l'événement, est pourtant parfois à Off lorsque c'est vraiment important?

La mémoire est comme un beau-frère; absente lorsqu'on en a vraiment besoin, mais toujours là quand on veut la paix.

T'es qui, toi?

Il arrive parfois qu'un producteur de spectacles envoie un humoriste faire de la promotion dans les médias locaux pour mousser la vente de billets. Il arrive que les patrons de ces stations de télé et de radio imposent à leurs animateurs de recevoir en entrevue des artistes qu'ils connaissent peu ou même pas du tout, car tout cela fait partie d'une entente commerciale. Il arrive que certains de ces animateurs n'effectuent pas même une recherche de base sur l'invité afin d'être ne serait-ce que le moindrement pertinent pendant l'entretien. Et il arrive que certains artistes n'acceptent pas un tel traitement.

C'est exactement ce qui s'est produit lorsque Jean-François a visité la région de Mégantic en début de carrière, pour faire la promotion d'un spectacle dans un bar. L'animateur radio, environ du même âge que lui, affiche un air hautain et condescendant pendant toute la durée de la discussion, mentionnant entre autres son total désintérêt pour l'humour en général. Calme mais exaspéré, JF verra s'ouvrir là la porte du défoulement.

Voici en gros à quoi a ressemblé la fin de leur échange:

«Donc, on m'a dit que vous faites un personnage à Musique-Plus qui a pour nom "Le gars frustré".

– Oui, en effet.

– C'est quoi, ça?

– Ben c'est un gars plutôt limité dans ses connaissances et son jugement, qui est constamment fâché contre tout et qui ne fait que sacrer.

– C'est-à-dire ?

– C'est-à-dire qu'il est démesurément agressif et parle très mal.

– Je ne comprends pas.

– Eh bien… la meilleure façon de vous faire comprendre serait possiblement de vous en faire un extrait.

– Allez-y.

– (Criant :) Eille !! Le crisse de moron d'enfant de chienne de câlisse !! Ça vaut la peine d'étaler sa culture générale quand on travaille dans une esti de radio de marde, hein, mon crisse de cave ? !! Osti de deux de pique !! Ça te tente pas de t'informer sur ton invité avant de faire une entrevue, mon câlisse de restant d'étron ? !! (Redevenant calme :) Faque ça ressemble pas mal à ça. »

L'animateur a complètement figé. Après 30 secondes de silence en ondes, voyant qu'il ne pouvait plus dire un mot, le producteur est entré en studio, a dit : « On s'en va à la pause », et ce fut la fin de l'entrevue.

J'ai connu Mario en 1986 lors d'un tournoi d'improvisation. Nous étions tous les deux étudiants universitaires; lui à Trois-Rivières, moi à Québec. Mario a fait un baccalauréat en récréologie. J'ai toujours aimé provoquer une de mes amies récréologue en lui disant qu'elle avait étudié pendant trois ans pour devenir organisatrice de tournois de ballon-chasseur, que ça valait la peine de s'endetter de 30 000 dollars pour pouvoir séparer les bâtons avant un match de hockey-bottine, que les offres d'emplois seraient difficiles à trouver, mais que ce ne serait pas un problème, puisqu'elle était désormais professionnelle de la cachette. Cette amie ne me parle plus beaucoup.

Mais c'est pas de ma faute si j'ai agi ainsi, car, pour ma part, j'ai fait un baccalauréat en journalisme; on m'a enseigné à être mesquin et sans pitié. Pour 30 000 dollars.

Mais revenons à Mario, car il a provoqué un de mes plus grands éclats de rire dans un spectacle d'humour, à vie. Dans son premier one-man-show, alors qu'il parlait des toilettes publiques, il avait décrit le savon rose en crème comme du sperme de clown. C'était en 1995, je m'en souviens encore très bien, et 17 ans plus tard j'ai toujours de la difficulté à me laver les mains dans un lieu public sans penser aux grands efforts que Patof, Patachou et leurs amis ont dû déployer afin de remplir une aussi grosse machine distributrice.

Humour d'hôpital

C'est Mario qui a obtenu le contrat le plus bizarre dont j'ai entendu parler. Grâce à ses apparitions aux émissions *100 Limites* et *Beau et chaud*, son personnage du camelot Ti-Guy Beaudoin est devenu très populaire dans les années 1990, et une demande hors du commun lui est parvenue de la direction de l'hôpital de Rouyn-Noranda. À l'approche de la Semaine de la santé et de la sécurité au travail, une édition spéciale du journal de l'hôpital serait imprimée, et on voulait avoir Ti-Guy pour le distribuer partout dans l'établissement. Mario n'était pas vraiment intéressé. Notez ici qu'il y a plusieurs façons de refuser un contrat qu'on n'a pas envie de faire. La plus simple et honnête, et ma préférée, est de dire simplement : « Je suis désolé, mais je ne suis pas intéressé. Bonne chance et merci d'avoir pensé à moi. »

Il y a aussi la parfois vraie et parfois hypocrite :

« Malheureusement j'ai un conflit d'horaire. Une prochaine fois peut-être ? »

On peut aussi prétexter une urgence :

« Je ne peux vous répondre, j'accouche présentement de quintuplés. »

On peut jouer à l'artiste intense :

« Je refuse toutes les demandes pour les prochains sept ans, je suis en réflexion sur ma place dans l'univers. »

Ou prendre le blâme du refus avec humilité :

« Je ne suis pas assez bon pour faire ce projet. Savez-vous qui serait excellent ? Yves Corbeil ! »

Mario, lui, a utilisé la technique Las Vegas : tout miser en disant oui, mais demander un cachet démesurément élevé en espérant se faire répondre : « Es-tu malade ? ! J'ai pas ce budget-là ! » Cependant, dans ce cas-ci, la personne a simplement répondu : « Ok. » C'est le ministère de la Santé qui payait, après tout.

Ti-Guy a donc visité tous les départements : buanderie, radiologie, tous, sauf le bloc opératoire, car il est un peu trop tard pour parler de sécurité au travail à un gars qui se fait opérer pour un fémur qui lui sort par le nez, à la suite d'une perte de contrôle de son marteau-piqueur.

La commande incluait l'écriture d'environ cinq minutes de matériel adapté au sujet en question. C'est donc ce cinq minutes que Mario a répété pendant 24 heures, car il fallait s'assurer de voir le personnel de jour, de soir et de nuit. Pendant qu'il dormait à l'hôtel, il recevait l'appel de son contact qui venait le chercher à 2 h 45 du matin pour l'amener voir des gens qui connaissaient le personnage et en étaient amusés, et d'autres moins réceptifs, comme cet homme du département de psychiatrie qui, en voyant Ti-Guy avec sa casquette des Expos, ses lunettes de Woody Allen, ses pantalons carreautés et ses bottes de caoutchouc, a déclaré : « Non. Des fous, j'en ai déjà assez. Va-t'en ! » Visiblement, le proverbe « Plus on est de fous, plus on rit » n'est qu'une théorie qui ne s'applique pas sur le terrain.

Bêtes de scène

Au début des années 1990, la mode du stand-up comic à l'américaine était partout. En compagnie de Maxim Martin et Daniel Thibault (ce dernier est devenu ensuite scripteur et metteur en scène, et est maintenant auteur de la série *Miradoooooooor*), Mario faisait partie des Comiques Debout ; trois gars qui, avant de voler séparément de leurs propres ailes, avaient uni leurs forces pour créer un groupe de stand-up pur à 100 %.

Les gars faisaient la tournée des bars, salles de spectacle, festivals et autres événements variés.

C'est dans cette dernière catégorie qu'a eu lieu un spectacle dans un aréna, quelque part en Beauce. Il arrive souvent que certains organisateurs engagent un artiste et lui imposent une première partie ; il s'agira la plupart du temps d'un talent local de l'humour ou de la chanson, qui jouera pour la première fois devant une grosse foule, incluant famille et amis. Cette fois-là, la famille n'était pas dans la salle mais plutôt à l'étable, puisque l'artiste invité était Mustang, le cheval savant. Accompagné de son dresseur qui lui posait des problèmes mathématiques de base, Mustang tapait de la patte pour donner la solution, il montait sur un mini-tabouret, bougeait la tête pour répondre oui ou non à des questions simples, bref, il aurait pu participer à *Occupation double*. Somme toute, Mustang a plu aux spectateurs, les a fait rigoler et n'a pas pissé sur la scène. C'est tout ce qu'on demande à une première partie.

Mario a cependant eu plus d'ennuis avec une autre espèce animale, près de Saint-Félicien. Peu après l'époque des Comiques Debout, alors qu'il rode son premier one-man-show dans de petites salles intimes, il s'arrête dans une auberge qui sert aussi de salle de spectacle. Il en a oublié le nom, mais se souvient qu'elle était le dernier relais avant d'entrer dans la ZEC[2] ; on comprend donc que le trafic n'était pas un problème. Il se rappelle aussi que la foule était silencieuse, voire plutôt passive à l'écoute de ses blagues. Mais son souvenir le plus limpide concerne les jappements d'un chien. Un membre du public était venu accompagné de son pitou, et puisque ce dernier ne pouvait entrer dans la salle, on l'avait placé dans un enclos situé juste sous la scène. Le molosse n'était pas du genre à rester muet, contrairement au public. Pendant toute la durée du spectacle, chaque fois que Mario faisait un mouvement le moindrement brusque sur la scène, le chien s'énervait et se mettait à japper. Croyant au départ que le sonorisateur s'amusait à ses dépens en ajoutant du bruitage canin, Mario a finalement compris

---

2   Zone d'exploitation contrôlée : territoire dédié à des fins d'aménagement, d'exploitation ou de conservation de la faune ou d'une espèce faunique.

qu'il avait un vrai chien sous les pieds et que le sale cabot ne lui donnerait aucun répit. Le public, déjà peu amusé par le texte préparé, faisait maintenant l'effort conscient de ne pas réagir afin de mieux entendre les « Wouf » et les « Grrr » du putain de Snoopy qui a finalement volé le show, et ce, sans même avoir à mettre une seule patte sur scène.

C'est ce qu'on appelle avoir du charisme.

Lorsque les Denis Drolet sont arrivés sur la scène humoristique québécoise, plusieurs personnes étaient très confuses. Et c'était voulu. L'effet « coudonc qu'essé qui s'passe ? », comme celui provoqué par le brun duo, peut parfois faire le bonheur d'un fan, et c'est exactement ce que j'ai obtenu.

Au début des années 2000, il y avait une folie complètement démesurée concernant le quartier Plateau-Mont-Royal à Montréal. Tout le monde voulait y habiter, très peu de logements étaient disponibles et pour ceux qui l'étaient, même les plus tout croches, il fallait payer un loyer ridiculement élevé. Payer 1 000 dollars par mois pour un 3 ½ sans stationnement et qui empeste le shish-kebab du restaurant d'en dessous était la chose à faire pour être « in ». J'étais « out ». Mais pour faire plaisir aux auditeurs de *Midi Morency*, nous avons lancé la promotion « Gagnez un appart' sur le Plateau ». La station payait tout : loyer, électricité, meubles, peinture, service de déménagement ; la totale.

Pour la grande finale du concours, nous avons enregistré une émission devant public, et j'avais invité les Denis, très peu connus à l'époque, à venir chanter. Je leur avais passé la commande suivante : « Faites, dans votre style, une chanson sur le thème de l'appartement sur le Plateau. Ça peut parler de relations avec les voisins, de planchers de bois franc, de boules à mites dans le garde-robe, peu importe ; pourvu que ça touche ne serait-ce que vaguement au thème. » Ils sont arrivés, ont fait une chanson intitulée *Le porte-avions*, dans laquelle il n'est JAMAIS question de quoi que ce soit ayant le moindre rapport avec un appartement, sur le Plateau ou ailleurs. Vive les Denis !

La vie en brun

Les premières fois sont rarement faciles pour qui que ce soit, mais pour les Denis Drolet, le niveau de difficulté était supérieur à la moyenne. L'ampleur des personnages, l'anti-humour de plusieurs gags, les paroles de chansons confuses, le mélange agressivité-poil-palettes, beaucoup de choses étaient à apprivoiser pour l'amateur d'humour moyen. L'intention de départ était d'imposer les personnages sans faire de nuance ni d'effort pour expliquer quoi que ce soit, d'avoir la mentalité « Que ceux qui m'aiment me suivent », un peu comme l'a fait l'Américain Andy Kaufman dans les années 1970 et 1980. Ce dernier se spécialisait dans les malaises qu'il créait volontairement, repoussant constamment les limites du public qui ne savait jamais s'il avait affaire à l'œuvre d'un génie, à un échec ou à un canular.

Après quelques années sans compromis, les gars ont ajusté le tir en présentant les vrais individus calmes, gentils et articulés derrière les cinglés convulsifs, en donnant des entrevues en tant que Sébastien et Vincent, et non pas en tant que « le barbu qui veut tuer tout l'monde » et « le lapin hystérique ».

Mais il leur aura fallu quelques expériences pénibles pour en arriver au constat qu'il était nécessaire d'opérer différemment et de tendre la main au public.

La première débarque a lieu au bar-spectacle Chez Maurice à Saint-Lazare, dans le cadre d'une soirée d'humour où les Denis sont, pour la première fois de leur carrière, les invités principaux (le terme communément utilisé est « headliner »). Ils doivent présenter un spectacle de 45 minutes. L'humoriste qui les précède sur scène est plutôt vulgaire, et donc installe une ambiance qui ne convient pas du tout au style des Denis. En fait, la seule chose qui pourrait être bien servie par du matériel vulgaire, c'est du matériel qui l'est encore davantage. Tous les autres types d'humour auront de la difficulté à se faire justice une fois que le public aura été amené du côté obscur de la Force.

Ce qui n'aidait pas leur cause non plus, c'est que les Denis avaient préconisé une mise en scène plutôt éclatée pour une soirée de bar : des cages d'oiseaux contenant des casquettes de caporal et des tuques de père Noël meublaient la scène, avec pour seule mission de mélanger les gens une coche de plus. (Je ne sais pas à quoi ça ressemblait sur scène, mais le simple fait de l'écrire me rend totalement confus.)

« Vous êtes dégueulasses ! » est une des premières choses qu'ils ont entendues venant de la foule ce soir-là, et ce n'était que le début. Au fil du 45 minutes, la foule de 600 personnes se réduira à une centaine. Vincent a même glissé à l'oreille de Sébastien : « On s'en va après celle-là », tandis que les deux y allaient de quelques steppettes pendant une chanson, ce à quoi Sébastien a répondu : « Non ! On reste jusqu'à la fin ! »

Le Denis barbu était vraiment fâché, s'engueulant avec quelques spectateurs et disant même à son partner : « On prend le pied de guitare pour se faire un chemin. » La disposition de la salle, à l'époque, obligeait les artistes à traverser la foule pour se rendre à la loge après leur prestation. Personnellement, l'image du Denis barbu se frayant un chemin parmi les spectateurs à coups de pied de guitare, comme Indiana Jones se fraie un chemin dans la jungle à coups de machette, me fait beaucoup rire. Heureusement pour tout le monde, il n'a pas eu à en arriver là, mais la plus grosse épreuve pour l'ego des gars restait à venir.

« Dans l'histoire des galas JPR, jamais un humoriste québécois ne s'est fait huer. » C'est ce qu'André Gloutnay, archiviste de l'humour et véritable encyclopédie mondiale du gag, avait dit aux Denis et aux autres élèves lors de son passage à l'École nationale de l'humour. André a maintenant un « sauf la fois où » à ajouter à son discours, puisque les Denis ont créé un précédent à l'édition 2003 du Festival. Comme ce fut le cas au bar Chez Maurice, ils ont encore une fois payé pour le climat installé par l'humoriste qui les précédait sur scène.

« Vous, les Québécois, vous êtes hypocrites ! Vous dites que vous aimez tout, mais c'est impossible ! Assumez-vous ! Vous pouvez huer quand vous n'aimez pas ! »

C'est l'essentiel du message livré par un humoriste français qui a servi à la foule un long 15 minutes d'éditorial. La foule, déjà disposée à manifester son mécontentement, ne s'est pas gênée pour faire savoir aux Denis que leur performance n'était pas à point, opinion que les gars partagent aujourd'hui, avec sept ans de recul. Vincent me résume ainsi le numéro en question : « On a chanté *The Rong Long Vong & the Fung Thing Long Song*, mélangé avec des jokes de chier sur un poster de Tom Selleck. »

À la fin, sur les 2 300 personnes présentes, peut-être 500 y sont allées de huées, mais l'absence d'enthousiasme des 1 800 autres a laissé toute la place aux voix négatives. Malgré cela, en sortant de scène, Vincent, le Denis enthousiaste, était toujours dans son personnage et s'apprêtait naïvement à retourner sur scène pour saluer la foule et prendre des applaudissements qui n'existaient pas, jusqu'à ce que Sébastien le retienne et l'amène dans la navette qui les transportait vers le Cabaret Juste pour rire, où une autre performance les attendait dans le cadre du Show absurde. Le trajet entre les deux engagements s'est fait dans un silence de mort où, avec une impression de fin de carrière après un échec sur les planches du mythique St-Denis, seul Sébastien a dit quelques mots qui furent : « Ouain. Ben c'est pas avec ça qu'on va gagner un Olivier. »

Le manque de temps ne leur permettait pas de s'étirer dans les lamentations, car il leur fallait remonter sur scène, ce qui est une très bonne chose. De plus, le Show absurde du Festival avait été conçu autour de et sur mesure pour les Denis Drolet. Avec Jean-Thomas Jobin et quelques autres, c'est devant des fans avertis et grands amateurs d'humour éclaté et alternatif qu'ils ont pansé les plaies fraîchement ouvertes, comprenant par le fait même que les galas JPR et autres événements «grand public» devaient être abordés comme tels, et avec une attention spéciale afin d'élargir le rayonnement de leur création.

C'est donc plus sages qu'ils se sont présentés au gala JPR l'année suivante. Pour être certains de ne pas rater leur coup, ils ont chanté leur hit radiophonique *Fantastique* accompagnés par une chorale d'enfants, en se disant que personne n'oserait huer des enfants. En effet, ce fut fantastique, et tout le monde était heureux.

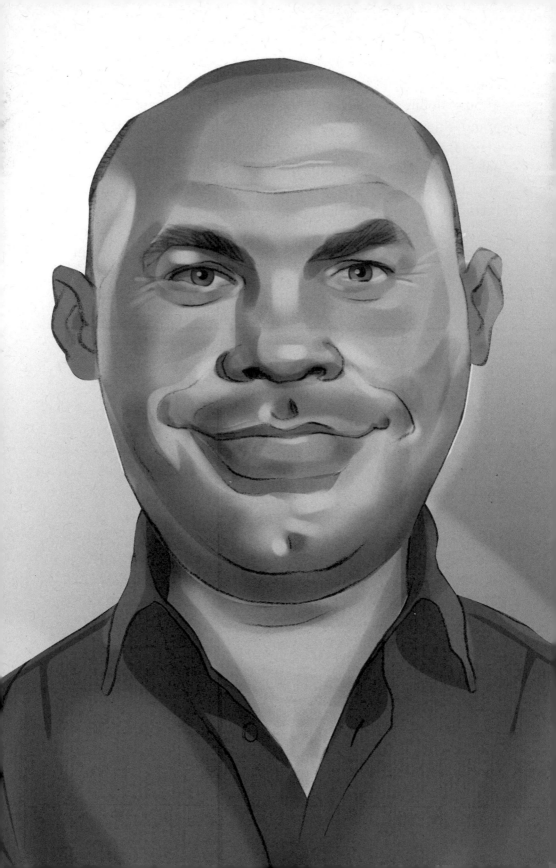

maxim MARTIN

En mai 1990, je me trouve au Club Soda de Montréal pour la finale nationale des Auditions Juste pour rire. Douze participants, dont moi. Je représente la ville de Québec, et Maxim représente Saint-Boniface, du Manitoba (capitale de l'humour s'il en est une, où je crois qu'il compétitionnait contre un duo de gars qui imitent des bruits de thermopompe). Nous nous battons pour remporter une bourse de 2 000 dollars et une participation à un gala du Festival. C'est avec un manteau des Yankees de New York, des jeans déchirés de Milli Vanilli et la coupe de cheveux de Vanilla Ice que Maxim est arrivé sur scène avec l'aplomb d'un pro, et il a très bien fait ça. Tellement que j'ai dû partager la bourse avec lui, car nous avons terminé *ex æquo* en première place.

Son style baveux a toujours fait partie de sa marque de commerce, et par le passé, ses problèmes avec l'alcool et la drogue, qui sont de notoriété publique, n'ont pas vraiment aidé à adoucir son image. Parmi les nombreux témoignages reçus après son passage à *Tout le monde en parle* en 2011, où il s'est ouvert sur ses problèmes de consommation, il a reçu un mot d'un motard qui l'avait déjà menacé de lui arranger son prétentieux minois à grands coups de muffler de Harley. Le biker, tout comme Maxim, est maintenant sobre et s'est excusé. Maxim a lui aussi connu certains soirs de scotch qu'il préférerait oublier. C'est un gars transformé que j'ai rencontré à l'automne 2011 ; j'ai donc dû le forcer à boire pour le faire parler.

La dernière brosse

Avant d'en arriver à la sobriété totale le 15 mai 2009, Maxim se souvient très bien d'être passé par une dernière vraie cuite à l'été 2008, dans un club de golf de Sainte-Sophie.

Le tournoi sert à amasser des fonds pour l'hôpital Sainte-Justine. En plus de faire un spectacle en soirée, Maxim joue les 18 trous, en compagnie des organisateurs et du joueur de hockey des Sabres de Buffalo Jason Pominville. Pour ceux et celles parmi vous qui se foutent complètement du hockey, cette dernière information est totalement sans intérêt, mais pour le fan de sport qu'est Maxim, c'est tout sauf un détail ; c'est même une raison majeure pour s'enthousiasmer. Pour faire un parallèle, si vous êtes fan de cuisine, imaginez que Josée DiStasio vient vous beurrer l'épi à votre épluchette de blé d'Inde.

Bref, la journée est belle, la bière est froide, la balle ne tombe pas dans le lac, jusque-là tout est parfait. Les nuages se pointent cependant après le souper. Croyant qu'il ferait son tour de blagues, tel que prévu, avant l'interminable tirage classique des prix de présence animé par Mario Lirette, Maxim comprend qu'il devra attendre que les voyages, croisières, télés et autres cadeaux à 10 000 dollars et plus aient été distribués. Non seulement l'attribution des bébelles de luxe commanditées assomme définitivement une foule déjà fatiguée, mais il faut avoir une très solide réputation pour convaincre un homme d'affaires courbaturé avec un coup de soleil dans le front qui vient de gagner un voyage de deux semaines en Grèce de rester pour vous entendre faire 60 minutes de stand-up.

Ainsi, sentant la nervosité monter, Maxim tente de faire passer ses angoisses en s'appuyant sur son ami de l'époque : l'alcool. Alors qu'il enfile les verres de cognac aussi rapidement que Gérard Depardieu qui attend son vol à l'aéroport, la responsable de la campagne de financement fait un discours très émotif pendant lequel elle pleure à chaudes larmes (ce qui, combiné à un tirage, est la pire des intros pour un humoriste). Elle prononce finalement les quatre mots que Maxim ne veut vraiment plus entendre : « Et maintenant, Maxim Martin ! »

Les trois premières minutes se déroulent plutôt bien, mais rapidement la foule, ou du moins ce qui en reste, démontre son manque d'intérêt en jasant, probablement de garantie prolongée sur les prix qu'on vient de remporter. Il y a quelques manières de faire taire des spectateurs qui discutent. On peut hausser le volume de sa voix, cesser de parler, leur demander poliment de vous écouter, leur faire quelques blagues classiques, telles que : « Est-ce que vous m'entendez en arrière ? Eh bien, moi aussi, je vous entends ! », se fâcher, faire « Chuuuuuutt », demander à ceux qui écoutent de vous aider à faire taire ceux qui parlent, y aller avec démagogie en disant un truc comme : « S'il vous plaît, je suis ici pour faire un spectacle pour les enfants de Sainte-Justine », menacer de quitter, enlever un morceau de linge, sortir une arme à feu, etc.

Maxim, lui, a préféré y aller avec un autre truc : parler de sexe. Cette technique peut être efficace avec un public de bar, mais dans ces circonstances, il a rapidement compris l'équation suivante : blagues de cunnilingus + campagne de financement pour enfants malades = mauvaise idée.

Après quelques anecdotes de femme-fontaine qui n'engendrent pas la réaction recherchée, Maxim, n'écoutant que les effets de monsieur Cognac VSOP, pousse l'art d'agrandir l'embarras en passant à l'étape suivante : une joke de nécrophilie.

À ce stade de la soirée, le malaise se répand comme une fuite de pétrole dans l'océan. À la table la plus proche de la scène sont assis l'animateur Mario Lirette et l'humoriste Mario Jean. Maxim, réalisant qu'il ne peut sortir vivant de cette boucherie et espérant de l'aide d'un confrère de la blague, regarde Mario Jean et dit : « Mario ? Un commentaire ? » À ce moment où on se dit que les choses ne peuvent que s'améliorer, c'est plutôt Mario Lirette qui se lève, prend le micro et crie: «Eille! Écoutez-le! Il raconte une anecdote de nécrophilie!!!»

C'est donc dans le chaos total que Maxim met fin à cette hécatombe pour se sauver au sous-sol dans le vestiaire des hommes, et ce, comme il le dit lui-même, «à la manière d'une fille qui quitte le bal en pleurant». Ce qui suit, bien qu'il le raconte aujourd'hui, avec le recul, en souriant, demeure un des pires moments de sa vie. Il s'est assis, en boule, par terre dans un coin du vestiaire et a pleuré comme un enfant pendant plus de 10 minutes. Un des golfeurs est entré, s'est lavé les mains, l'a vu, a dit: «Ouain, pas facile ce métier-là» et a quitté. Ne voulant pas avoir à affronter le regard des autres spectateurs, Maxim s'est faufilé dans les corridors à la recherche d'une sortie discrète, pour finalement trouver la porte de l'arrière de la boutique du club.

Question de terminer cette histoire en beauté, mentionnons que le tournoi a tout de même amassé près de 100 000 dollars pour Sainte-Justine, et que les membres du conseil d'administration connaissent maintenant quelques blagues salées pour leur party de bureau.

Maxim a par ailleurs une autre bonne raison de se consoler: il est loin d'être le seul humoriste à avoir quitté un tournoi de golf avec la fierté sous la normale. Nous avons tous, ou presque, notre histoire de 18 trous. Voici la mienne...

François Morency
Le tournoi de golf de René Angélil

Pour un spectacle d'humour dans le cadre d'un congrès ou d'une campagne de financement, la ligne entre des conditions parfaites et des conditions de merde est très mince. La disposition de la salle, l'alcool, l'heure du spectacle, le service de nourriture, le système de son, le type de clientèle, la proportion hommes-femmes, le mauvais maître de cérémonie, bref, des dizaines d'éléments peuvent à eux seuls faire couler le bateau, avec le comique attaché au mât.

Mais le plus grand tueur en série de shows d'humour est sans contredit le tournoi de golf. C'est le Charles Manson de notre profession. À la différence que Manson est en prison, tandis qu'au moment où vous lisez ces lignes, quelque part, un pauvre ti-clown s'apprête à monter sur scène pour tomber en pleine face devant des messieurs aux avant-bras bronzés. La clientèle est largement masculine, le tirage des prix de présence est interminable, les spectateurs ont leur journée de golf ainsi que plusieurs verres d'alcool dans le corps, et plusieurs ne sont pas du tout des fans d'humour. Oui! Quoi de plus agréable que de tenter de faire rire une gang de gars fatigués et saouls qui viennent de gagner un toaster quatre tranches et qui se foutent de toi?!

J'avais juré à Dieu et à toute sa famille de ne plus jamais participer à un tournoi de golf, jusqu'au jour où René Angélil a donné un coup de fil à mon gérant. J'avais connu René quelques années auparavant, alors que j'avais fait la première partie du spectacle de Céline pour quelques soirs, dont trois au Centre Bell en 1996 (à l'époque, le Centre Molson).

Il m'appelait pour son tournoi de golf annuel au club Le Mirage, qui a depuis été rénové, mais qui alors était le pire endroit où donner un show. Au lieu d'avoir une grande salle de réception avec une scène à l'avant, le club était divisé en plusieurs petites pièces. La scène était dans un de ces salons, les gens dans les autres pièces suivaient le show sur des moniteurs télé; assez dur d'entendre leurs réactions! Combiné à cela, les deux animateurs de la soirée avaient totalement perdu le contrôle, c'était le chaos. Mon show débuterait avec deux heures de retard, plusieurs auraient quitté les lieux. Bref, j'avais autant de chances d'en sortir gagnant qu'une girafe dans un concours de limbo.

J'en ai eu la confirmation lorsque j'ai croisé un ami qui participe au tournoi chaque année. Voici notre échange:

« Frank!! Qu'est-ce que tu fais ici?

– Je viens faire un show.

Silence.

– Dis-moi donc, avez-vous déjà eu d'autres humoristes pour votre tournoi?

– Claudine Mercier est déjà venue.

– Pis?

– Elle est repartie en pleurant.

– De joie?

– Non.

– Des allergies?

– Ok, bonne chance, Frank. »

Déterminé à ne pas quitter en larmes comme une fillette, j'ai commencé le show avec le couteau entre les dents et je l'ai rapidement avalé. On m'a présenté, je suis monté sur scène et j'ai fait un cinq minutes de matériel qui est totalement passé dans le beurre. D'une part, dans la petite salle où était située la scène, il n'y avait que quatre personnes, qui parlaient. Dans toutes les autres salles, il y avait du mouvement, des cris, des chansons à répondre; on aurait cru qu'il y avait simultanément plusieurs partys différents au Mirage. J'ai bien tenté de calmer la foule, mais j'avais l'air d'un professeur substitut qui tente de gérer un exercice d'incendie dans une école pour jeunes délinquants.

Constatant que j'allais flamber comme une sorcière à Salem, j'ai dit : « Bon, ça vous tente pas d'avoir un show, ça adonne bien, ça me tente pas d'en faire un. Bonne soirée! » Et j'ai quitté la scène après cinq minutes. Honnêtement, je crois que personne ne s'est rendu compte de quoi que ce soit. Sauf René. Je suis allé le voir pour lui remettre son argent. En bon gentleman, il s'est excusé, a pris tout le blâme et a insisté pour que je garde le cachet malgré tout. J'ai dit non. Il a insisté davantage. Puisque je suis homme conciliant et le plus pauvre des deux, j'ai cédé. Ça demeure à ce jour le cinq minutes le plus payant de ma carrière.

Message au serveur

Une dernière pour conclure sur le sujet du sport en voiturettes. À mes débuts en 1993, je divertissais les employés d'un bureau de comptables après leur tournoi de golf. La salle à manger du club était divisée en deux par un mur de vitre. Je faisais le spectacle dos à la vitre en question, pendant que de l'autre côté un petit groupe de six ou sept hommes d'affaires prenaient leur souper. Alors que j'étais en plein milieu d'une histoire, un de ces hommes se lève sans que je le voie, ouvre la porte, traverse de notre côté, vient me prendre le micro des mains et dit : « Est-ce que ce serait possible d'avoir du pain l'autre bord ? Merci. » Sur ce, il me redonne le micro et retourne s'asseoir.

Oui, ils ont eu du pain. Et je me suis arrangé pour terminer avant qu'ils manquent de vin.

Les petites vites
(Première partie)

Louis-José Houde
Un équipement à la fine pointe

Dans la région de Drummondville, dans les années 2000-2001, Louis-José donnait un spectacle dans une salle dont il a oublié le nom. Il se rappelle cependant très bien de plusieurs autres détails, comme le fait qu'il s'agissait d'une ancienne grange devenue une taverne et que l'équipement technique n'était pas exactement celui utilisé par la NASA. Il devait entre autres assurer son propre éclairage. Le bouton pour ajuster l'intensité des lumières, ce qu'on appelle un «dimmer», se trouvait directement sur le mur derrière la scène. Donc, pour faire un noir à la fin d'un numéro, LJ devait reculer de quelques pas et tourner lui-même le bouton. En ce qui concerne l'aspect sonore de ce palais de la performance, le micro n'était pas relié à des haut-parleurs; il était plutôt connecté à un jukebox installé sur la scène, par lequel la voix était projetée. Il fallait évidemment être prudent pour ne pas accrocher le mauvais bouton et se faire enterrer par *I'm All Shook Up* ou *California Girls.*

Mais son meilleur souvenir concerne le micro sans fil. Pendant le spectacle, un des autres humoristes invités à cette soirée utilise le même micro, et les piles font défaut en plein numéro. Puisqu'il n'y a plus un son, l'humoriste s'arrête. Alors que personne ne bouge et que tous se regardent, un gars légèrement éméché qui est assis au bar se lève de son tabouret et dit: «J'vas aller en chercher!» Il quitte lentement et s'absente pour quelques longues minutes, pendant lesquelles l'humoriste tente de se faire entendre à la puissance de ses cordes vocales, sans grand succès. L'homme revient, monte sur scène, remplace les piles et retourne s'asseoir.

François Morency
Le nudiste à Thetford Mines

Pendant la Tournée Juste pour rire 1993, nous faisions un numéro sur les nudistes. Avec pour seul vêtement un carton cachant nos merveilles respectives, on s'amusait à illustrer des nudistes faisant diverses activités. Entre autres, du ski de fond. À une école polyvalente où le spectacle a été présenté, on avait aménagé dans le gymnase une scène ayant comme défaut majeur de ne pas être assez large. Je devais traverser la scène en skis de fond et revenir quelques instants après en sens inverse. Mais je ne suis jamais revenu. Je suis passé tout droit et j'ai atterri 10 pieds plus bas. Il y a eu un « KAPLANG-CRACK-TABARNAK », suivi d'un noir sur la scène, suivi d'un silence funéraire.

Les lumières se sont rallumées, je suis remonté sur scène, me suis arrêté au centre avec un seul ski cassé dans la main et des échardes dans le fessier, j'ai regardé la foule, j'ai attendu au moins 45 secondes qu'elle cesse de rire, puis j'ai dit : « Le numéro est terminé », et les lumières se sont éteintes. Pour les casse-cou qui se posent la question, prendre une débarque de 10 pieds tout nu en skis de fond n'est pas l'idéal. C'est sûrement plus facile en ski alpin.

François Morency
Normand L'Amour à CKOI

En 1999 débutait l'émission *Midi Morency* sur les ondes de CKOI FM. Durant cette même période, le phénomène Normand L'Amour arrivait sur la scène musicale québécoise. Ce petit monsieur de presque 70 ans, ex-propriétaire d'un dépanneur de Sorel, a pris tout le monde par surprise en présentant un disque fait maison sur lequel, en s'accompagnant des échantillonnages musicaux d'un petit clavier acheté chez Sears, il chante une rivière de paroles incompréhensibles.

Pour finir en beauté la première semaine de l'émission, j'invite Normand à *Midi Morency*. Il arrive en studio avec sa casquette, une chemise à manches courtes et un sac de plastique dans lequel il ne semble pas y avoir grand-chose. L'émission se déroule très bien. À ma demande, Normand compose en trois minutes une chanson sur ma personne, le tout guidé par la main de Dieu, selon ses dires. Je suis émerveillé par la bizarrerie du personnage, mais je crois en avoir fait le tour, quand Normand nous surprend encore en ajoutant une coche à sa légende extraterrestre. Pendant une pause publicitaire, il fouille dans son sac, en sort un bâton de Speed Stick flambant neuf, détache sa chemise, s'applique du déodorant sous les aisselles, reboutonne sa chemise et me dit :

« En veux-tu ?

– Non merci.

– Sois pas gêné, y est neuf !

– Merci, ça va, je me sens fraîche.

– C'est la fragrance Brise d'Océan, ça sent tellement bon.

– Oui, Normand. Attention, on revient en ondes dans 20 secondes. »

Paquin, Cloutier, Barrette, Léveillée et 65 autres

La Croisière en folie

En 1998, alors qu'il y a un véritable humoriste-boom au Québec, le producteur Guy Latraverse a l'idée suivante : inviter le public à acheter des billets pour une croisière dans le Sud, pendant laquelle il y aurait des spectacles d'humoristes québécois. Ces galas seraient captés pour la télé afin d'en faire des émissions vendues à Super Écran. Les humoristes invités, plus de 70 pour quatre shows de deux heures, seraient payés et feraient une croisière d'une semaine, en échange d'un numéro de dix minutes et de quelques tournages de sketchs sur le bateau.

En théorie, tout cela a du sens. Mais la théorie, ça plante toujours. Ce projet, qui a pour nom La croisière en folie, débute de manière pour le moins chancelante, car l'ouragan Pauline frappe au même moment et le trajet du navire croise la queue de l'ouragan. Personnellement, je n'ai jamais été frappé par une queue de Pauline, mais je me suis laissé dire que le plaisir n'est pas au rendez-vous. La première nuit sur le bateau est donc très mouvementée, et les passagers se font brasser comme une machine à espresso défectueuse dans un restaurant italien. L'autre problème est que la salle de spectacle est occupée tous les soirs par des shows anglophones ; sur les 2 400 passagers, seulement 400 sont Québécois. Les galas d'humour made in Québec se déroulent donc en plein jour, ce qui fait que les passagers ont le choix entre sortir et visiter les plages de Saint-Martin, et rester à l'intérieur pour écouter des jokes sur les différences hommes-femmes.

Les trois premiers des quatre galas se déroulent devant une trentaine de personnes que l'on regroupe dans un tas pour donner l'illusion télévisuelle d'une salle bien pleine. On demande par contre aux comiques de jouer comme si l'auditorium était bondé, en balayant du regard l'ensemble des lieux vides, tout comme un Indien apache scrutant la prairie déserte à la recherche de bisons.

La stratégie est ajustée pour le show numéro quatre : on annonce que ce sera bar ouvert pour tous les spectateurs, ce qui contribue à gonfler quelque peu l'assistance. Certains comiques s'en tirent très bien, d'autres un peu moins. Lorsqu'un spectacle va mal, on rentre à la maison et on tente de penser à autre chose. Dans le cas d'une croisière, c'est un peu plus complexe. On est pas mal pris sur place. La production n'avait pas prévu une chaloupe de l'humiliation qui aurait permis aux naufragés de la blague de retourner discrètement à terre avant la fin du voyage.

Contrairement à tous les autres comiques rencontrés pour ce livre, monsieur Latulippe n'a jamais voulu travailler en solo. Formé à l'école des troupes de burlesque et des cabarets, c'est en groupe qu'il aime travailler, ou à tout le moins accompagné d'un sidekick qui lui donne les répliques du genre : « Ah oui ? Tu t'es fâché contre ta belle-mère ? C'est quand les funérailles ? » Infatigable jukebox de blagues, alors qu'il animait l'émission *Les démons du midi* à Radio-Canada, il a invité à peu près tous les humoristes détenant six minutes de matériel potable à venir faire leur numéro, pour ensuite s'amuser à les déguiser en habit carreauté pour jouer avec lui dans un sketch de burlesque.

Mais au rythme d'un humoriste différent par jour, on fait rapidement le tour de ceux qui peuvent passer à la télé durant l'heure du dîner, et il arrivait que certains échouent le test. Comme cette fois où un blagueur qu'on ne nommera pas est invité dans le cadre d'une émission spéciale sur le Mexique. Quelques diplomates accompagnés de représentants du consulat assistent à l'enregistrement, et le numéro du jeune invité contient sept ou huit jokes de tourista de trop. Devant le malaise et les visages crispés des dignitaires à la régularité parfaite, sachant qu'il y aurait montage de l'émission avant sa diffusion, Gilles demande à une troupe de mariachis invités, pendant la pause qui suit le festival de l'humour digestif, de faire quelques chansons de plus que prévu, question d'avoir le matériel nécessaire afin de pallier l'éventuelle coupure du numéro. L'œil du vieux pro aura donc évité un incident diplomatique, puisque c'est finalement *La Cucaracha* et *Guantanamera* qui seront entendues en ondes, au lieu du monologue de la purge.

Les cabarets

Chaque fois que les vétérans du showbiz québécois nous parlent de l'époque des cabarets, c'est toujours avec un mélange de nostalgie et de terreur dans le regard. Ce que certains qualifient de « la belle époque », car des centaines de cabarets aux quatre coins de la province permettaient à tous de beaucoup travailler, est aussi décrit comme l'époque des pires conditions de travail imaginables pour un artiste de variétés. Faire trois spectacles par soir, à 20 h, 22 h et 1 h 45, sept soirs par semaine, devant des foules parfois captives mais plus souvent qu'autrement incontrôlables, n'était pas un pique-nique. En fait, oui, c'était un pique-nique, mais dans un champ de mines. Sous un nid de guêpes. Avec la nappe en feu. Alors qu'une toilette chimique vous tombe sur la tête. Et que vous veniez de vous laver les cheveux.

Terminer un show à 1 h 45 du matin serait impensable aujourd'hui. Imaginez le commencer à cette heure, surtout quand les fatigants déjà turbulents à 20 h sont encore présents à 2 h, et qu'à turbulents on peut ajouter écœurés, agressifs, et parfois même armés. Plusieurs de ces cabarets étaient contrôlés par le crime organisé, et les membres en règle étaient nombreux dans la salle. Bien que monsieur Latulippe jure n'avoir jamais eu aucun problème avec qui que ce soit dans l'organisation, certaines des situations qu'il a vécues sortent largement de ce qui est aujourd'hui considéré comme normal.

Au Café de l'Est, par exemple, la scène avait la forme d'un fer à cheval, et il n'était pas rare que deux « associés » assis aux extrémités décident de se parler d'affaires pendant le spectacle. Pas évident de faire des jokes lorsqu'à sa gauche on entend : « Pis, Carlo ?

As-tu réglé le dossier ? » et qu'à droite la réponse de Carlo est : « Inquiète-toi pas, y va tenir ça mort. Ha ! Ha ! Ha ! » Il arrivait même que Carlo sorte son gun, le place sur la scène et le pousse jusqu'à son ami, de l'autre côté, qui le lui renvoyait, dans un petit jeu de « curling de fusil », et ce, juste sous les yeux de l'artiste qui voyait un calibre.38 chargé glisser devant ses pieds, de gauche à droite, comme si c'était une bouteille de bière sur le comptoir d'un saloon dans un film western.

Évidemment, si on tient à la vie, on ne tente pas de faire taire ce genre de gars, comme on le fait avec un banal pilier de bar en lui criant : « J'aurais pu être ton père, mais le chien a été plus rapide que moi ! » Il faut être patient et diplomate, surtout que ces contacts peuvent éventuellement devenir très utiles. Il arrivait souvent que les artistes sortaient du cabaret entre deux performances pour aller prendre l'air, voir un collègue en spectacle dans une salle voisine ou simplement s'informer du prix des prostituées. Un soir, Gilles sort, se rend à sa voiture et constate qu'on lui a volé sa radio. En panique, il revient au Café de l'Est et informe Dominic, le propriétaire, qu'il ne pourra faire le show de 22 h car il doit appeler la police pour régler le tout. « Inquiète-toi pas, Gilles, fais ton show, on réglera ça après. » Docile, il fait tel qu'on lui suggère, retourne à son véhicule vers minuit et demie et voit que sa radio a réintégré le tableau de bord. Rien n'y paraît, aucune égratignure. Il suffisait de parler à la bonne personne.

J'ai connu Sylvain à l'École nationale de l'humour en 1992. Ex-étudiant des HEC, il s'est rapidement imposé comme une machine à écrire des jokes. Son talent d'auteur a été sollicité et récompensé à plusieurs reprises. Il arrive parfois que le public, littéralement noyé d'émissions de télé, de spectacles et d'informations provenant d'Internet, confonde certains artistes avec d'autres. Jean-Michel Anctil se fait parfois appeler Mario Jean. Mario Jean se fait parfois appeler Benoît Brière. Benoît Brière se fait appeler Daniel Brière, l'autre acteur qui, lui, porte le même nom qu'un joueur de hockey qui joue pour les Flyers mais qui a songé à jouer pour les Canadiens de Montréal, qui avant s'appelaient les Maroons. Bref, la confusion est souvent au rendez-vous, et dans le cas de Sylvain, il me disait que tout cela dépend de son poids. Lorsqu'il est mince, on l'appelle Maxim Martin, mais s'il perd le contrôle de sa fourchette pendant quelques semaines, on l'appelle Laurent Paquin. Il a même déjà été présenté dans un gala comme ceci: «Mon prochain invité ressemble à Martin Matte noyé.» Pour ma part, on m'a déjà appelé François Massicotte et André Montmorency. On m'a aussi déjà appelé Délima Caillou, mais c'était l'Halloween, et il y avait des muffins au *pot* d'impliqués.

Monsieur Malaise

Sylvain est engagé pour distraire les 50 employés d'une compagnie pharmaceutique. Ces shows devant un public réduit sont habituellement très agréables. Le contact est privilégié, car on n'a pas l'impression d'être devant une foule anonyme, mais plutôt devant des personnes qu'on peut voir et entendre individuellement. C'est comme une soirée entre amis, un party de famille ou, dans ce cas-ci, une séance de thérapie durant laquelle certaines révélations intimes sont faites.

Le spectacle se déroule bien, la foule réagit très positivement, mais deux filles discutent entre elles, absorbées par un sujet totalement hors contexte. Dans un théâtre de mille sièges, ce genre de truc peut passer inaperçu, mais pas lorsqu'on est moins nombreux qu'une équipe de soccer. À deux reprises, Sylvain tente de régler le tout en interpellant les deux filles avec humour, mais cela a pour effet de créer un inconfort généralisé qu'il ne s'explique pas. Un peu comme si Dodo et Denise avaient un statut privilégié au sein de la compagnie. Quelques instants plus tard, le téléphone d'une des deux jasantes sonne et elle répond, en plein spectacle. Voulant mettre un terme à la distraction, Sylvain propose de prendre le téléphone des mains de la fille afin de couper court à sa conversation. Alors qu'il s'approche d'elle en disant : « Bon là, ça va faire, tu lui parleras tantôt, à ton chum », la copine de la fille lui dit : « Ta gueule ! Son père était mourant, elle vient d'apprendre qu'il est décédé. » Sur ce, les deux filles se lèvent et quittent la salle en pleurant.

Instantanément, les places laissées libres sont occupées par un grand fan d'humour : Monsieur Malaise. Monsieur Malaise s'est pointé des milliers de fois lors de différents spectacles. Il était présent à l'un des miens, alors qu'un spectateur avait un rire bizarre dont je me suis moqué, pour finalement réaliser qu'il s'agissait d'une personne handicapée. Monsieur Malaise reste rarement longtemps. Il arrive, s'installe confortablement, attend que tout le monde ait remarqué sa présence, et ensuite il quitte pour assister à un autre spectacle, à des funérailles ou à une entrevue de Jean Leloup.

Mais il est pour l'instant dans la face de Sylvain. Évidemment, on peut se demander ce que la fille faisait dans un show d'humour alors que son père était au bord du trépas. Tout comme on peut se demander comment Sylvain aurait pu prévoir un tel scénario et éviter de faire une gaffe qui n'est finalement pas la sienne. Mais à ce moment précis, Sylvain se pose plutôt des questions du genre :

– Comment faire pour disparaître ?

– Si je commence à pleurer moi aussi, est-ce que je peux sortir avec dignité tout en étant payé ?

– Est-ce que chanter *La p'tite grenouille* ou *Les fesses* serait une bonne idée pour alléger l'atmosphère ?

– Est-il trop tard pour considérer une carrière dans la vente de voitures usagées ?

– Je ne me sens pas bien, ils sont en pharmaceutique, ils ont sûrement quelque chose d'efficace à me suggérer.

Mais en bon pro, Sylvain a suivi la règle d'or : *The show must go on !* Il s'est excusé, a repris là où il en était, a sérieusement pédalé pendant dix minutes pour retrouver un certain rythme et s'en est sorti. Monsieur Malaise avait quitté la salle. Mais il reviendra. Il a un abonnement à vie.

Au printemps 2011, je participe à un spectacle au profit de l'Association des grands brûlés, dont Patrick est le porte-parole. En me présentant, il dit qu'il est heureux de me retourner l'ascenseur, puisque c'est moi qui l'avais présenté lors du premier gala JPR de sa carrière, en 1998. À l'époque, il faisait son personnage du brigadier légèrement déficient qui aime les patates et, je le cite, « fourrer des écureuils ». Je le mentionne, car cette phrase lui est revenue en pleine face lors d'un show de rodage à l'automne 2010, à Sept-Îles. Alors qu'il est sur scène depuis à peine quelques minutes, un homme, lourdement intoxiqué et grand fan du briga-dier, monte sur scène et informe Patrick, ainsi que toute la foule, qu'il aime bien fourrer des écureuils lui aussi. Il s'ensuit une courte discussion qui ne va nulle part ; dans le fond, que peut-on dire à un homme une fois qu'il nous a avoué aimer fourrer des écu-reuils ? « Quel écureuil préférez-vous ? Le gris d'Amérique ou le roux d'Eurasie ? »

Pendant les cinq minutes de cet échange confus, Patrick cherche de l'aide en coulisses, et c'est finalement le diffuseur de spectacles de l'endroit qui vient sortir l'amoureux des animaux, une fois qu'il a compris que son intervention ne fait pas partie du spectacle. L'homme a été expulsé du théâtre. On l'aurait vu un peu plus tard marcher en forêt avec des arachides.

Les personnes spéciales

Lorsqu'un chanteur compose une chanson, il le fait à partir de son expérience personnelle, d'une réflexion, d'une anecdote de vie, d'une observation quelconque, ou simplement à cause de haschich de mauvaise qualité. Mais une fois que l'œuvre est publique, les gens se l'approprient et vont très souvent interpréter à leur manière le texte en fonction de leur réalité à eux, transformant ainsi l'intention initiale.

La même chose se produit souvent en humour. Une blague, un numéro ou même un spectacle en entier peut être interprété très différemment, selon la réalité du public qui le reçoit. À la suite de mon numéro sur l'histoire du Québec en 1997, dans lequel je passais en revue les événements et les personnalités sociopolitiques ayant marqué notre Belle Province, j'avais été invité à participer au spectacle de la Saint-Jean-Baptiste ET à celui de la fête du Canada ; les deux côtés avaient travesti le contenu, qui dans ma tête était neutre, afin de servir leur cause respective.

Patrick Groulx a souvent vécu ce genre de chose avec son personnage de Simon Perron ; un genre de schizophrène victime de la désinstitutionnalisation qui fait des remarques rarement cohérentes sur la société, mais parfois avec un message dans le sous-texte. Il lui est très souvent arrivé qu'après les spectacles, des gens spéciaux l'attendent afin de lui témoigner qu'ils s'identifient à Simon, donc à lui, qu'ils ont vécu une dépression, et de lui demander des conseils pour s'en sortir, etc.

Des témoignages du genre peuvent être très touchants. Comme la plupart de mes collègues, il m'est arrivé de me faire dire après un spectacle : « Tu sais, il y a eu un drame majeur dans ma vie et je n'avais pas ri depuis trois mois. Merci de m'avoir fait me sentir bien. » Vous n'avez pas idée à quel point ce genre d'aveu est émouvant et motivant. D'un autre côté, certaines situations peuvent parfois devenir très inconfortables, surtout lorsque la personne est très intense et qu'elle s'attend à ce que l'artiste devienne son thérapeute et confident avec qui entretenir une relation à long terme. La formation et les compétences d'un expert en relation d'aide et celles d'un humoriste ne sont pas vraiment les mêmes.

Ceci s'est produit au Vieux Clocher de Magog durant la première tournée de Patrick. À la séance d'autographes, un homme dans la quarantaine, très confus et qui fait un peu peur, l'approche. Pendant près de dix minutes, il l'entretient intensément sur les problèmes relatifs au dédoublement de personnalité, sur le suicide, sur les meilleurs médicaments et autres thèmes qui ne sont pas au programme du cours *Comment terminer un sketch en déboulant un escalier* de l'École nationale de l'humour. Une dame, qui fait la file derrière lui avec 30 autres personnes et qui attend patiemment son tour, lui dit : «Excusez, monsieur. On aimerait ça, nous aussi, rencontrer Patrick Groulx.» En guise de réponse, le gars se tourne, se met à deux pouces de la dame et hurle : «TOI, TU VAS ATTENDRE TON TOUR, MA TABARNAK, SINON M'AS T'ARRACHER LA TÊTE!!!»

C'est à ce moment qu'interviennent le personnel de la salle et l'équipe de Patrick, pour escorter gentiment l'homme vers la sortie en lui souhaitant la meilleure des chances.

Si vous vous demandez : « C'est qui, ça, Josée Fortier ? C'est-tu la fille qui faisait le numéro de la mariée qui enlève ses dents en 84 ? C'est-tu celle qui était habillée en jaune orange dans les pubs de fromage ? C'est-tu elle qui anime le tennis à RDS ? », c'est normal. Elle est de loin la plus célèbre inconnue de l'humour québécois. Au cours des 30 dernières années, en tant que scripteure et metteure en scène, elle a été la femme de confiance d'Yvon Deschamps, de Claude Meunier, de Normand Brathwaite, de Marc Labrèche et de moi-même, entre autres. Juste pour rire, les Gémeaux, l'Adisq, *Merci bonsoir*, *Samedi de rire*, *La petite vie*, *Le cœur a ses raisons*, plusieurs one-man-shows ; elle est encore plus en demande qu'une boîte de Wet-Ones dans un souper de côtes levées.

Le chameau dépressif

Avant d'amorcer sa carrière en humour, Josée a travaillé en publicité où elle a utilisé ses talents pour vendre, entre autres, des voitures Renault. Vers le milieu des années 1980, on voyait autant de Renault 5 sur les routes du Québec que de bas blancs dans les souliers ou de cocaïne dans les narines, et Josée a conçu une campagne mettant en vedette Robert Charlebois afin de populariser davantage ce modèle de voiture à faible consommation d'essence, qui se faisait appeler « le chameau ». Le message, qui est un immense clin d'œil à l'histoire de Cendrillon, nous montre Robert chantant une version adaptée de son hit *J't'aime comme un fou*, qui quitte le bal sur le coup de minuit en perdant sa chaussure pour embarquer dans sa Renault 5 qui se transforme en véritable chameau. Il fallait donc engager un chameau, que Robert allait enfourcher. (Cette phrase peut paraître bizarre, mais elle est totalement inoffensive.)

Il semble qu'à l'époque le Québec n'avait aucun chameau en stock, ou du moins aucun possédant d'assez belles bosses pour passer à la télé, car il a fallu en faire venir un de New York. Le chameau vedette est arrivé à Montréal la veille du tournage, et son « gérant » l'a laissé passer la nuit dans un enclos mobile, tout près du studio.

Pendant la nuit, ou bien l'animal a joué à la corde à danser avec sa laisse, ou bien il se sentait sale d'en être rendu au point de devoir vendre des voitures, ou bien l'association des mammifères du Québec voulait passer le message clair qu'on devait engager du personnel local ; toujours est-il qu'au petit matin on a retrouvé le chameau pendu dans sa loge. Certaines langues sales disent que la bête serait décédée en pratiquant l'asphyxie érotique. Je fais partie de ces langues sales.

On a dû renvoyer tout le monde à la maison, payer des frais supplémentaires, commander un autre chameau, s'assurer qu'il ait de la compagnie pendant la nuit, tout en lui faisant écouter en boucle la chanson *Y a d'la joie* pour s'assurer que son moral ne baisse bas, et le lendemain il a pu se faire enfourcher par Robert comme prévu. (Encore une fois, aucune intention maligne de ma part.)

C'est en compagnie de ses collègues des Bizarroïdes, Stéphane E. Roy, Guy Lévesque et Ken Scott, que Martin a débuté en humour, en passant quelques années à créer des numéros tout aussi originaux que techniquement complexes. En fait, l'univers des Bizz pourrait s'apparenter à celui des Chick'n Swell, mais en séparant les cachets en quatre au lieu de trois.

Afin de revivre cette ambiance quasi cégepienne, tous les étés, dans le cadre du festival Juste pour rire, Martin invite deux humoristes à participer avec lui à une nouvelle édition du numéro des pêcheurs. Le concept est simple: trois gars, à la pêche, échangent de manière décousue sur l'actualité, la politique, le sport, les femmes, le tout arrosé de jus de houblon et saupoudré de l'occasionnelle joke de cul. J'ai participé à trois de ces numéros avec Martin et Laurent Paquin. En relisant le texte de celui de l'édition 2006, je constate qu'on y parlait des chicanes au PQ, de l'ambition de Stephen Harper de tuer le protocole de Kyoto, des infrastructures douteuses de Montréal et de la dette du Québec. C'est rassurant de voir que les choses ont beaucoup évolué depuis, et que nous sommes maintenant sur le droit chemin.

« Ça va être bon pour vous autres ! »

« Ça va être bon pour toi » est une phrase que plusieurs artistes se font servir lorsqu'ils hésitent à accepter un engagement. Tout comme « On a besoin de toi », « On va t'en devoir une », « C'est juste pour une soirée», «On paye ton gaz», «Tu vas découvrir une belle région», «Ça te fera quelque chose à raconter», «Tu pourras dire que t'es le premier à avoir fait un spectacle pendant une corrida», etc.

Il y a trois bonnes raisons d'accepter un contrat : le plaisir de le faire, l'argent et l'occasion d'apprendre quelque chose. Idéalement, les trois éléments sont réunis, mais cela n'arrive que très rarement. Dans le meilleur des mondes, on tente d'en retrouver deux, mais il nous arrive à tous de dire oui pour un seul, voire pour aucun.

Lorsque Martin fait le bilan de l'été 1992, il affirme n'avoir rien appris, à peu près bénévolement, tout en se faisant royalement chier ; un *trifecta* !

Faire partie d'un groupe implique que toutes les décisions, les grosses comme les petites, doivent passer au vote. La démocratie avait donc amené les Bizarroïdes à accepter une offre qui serait «bonne pour eux autres» : le propriétaire d'un centre sportif de Saint-Eustache cherchait à faire connaître le bar de son établissement. Essentiellement le lieu où quelques joueurs de tennis venaient prendre un verre après un match, ce jazz bar pourrait, selon le patron, bénéficier de la présence de quatre rigolos qui se donneraient en spectacle tous les week-ends. Martin avoue candidement chercher aujourd'hui encore en quoi faire des shows dans un club sportif à Saint-Eustache aurait pu être bon pour le développement de la carrière des Bizz. Je n'ai jamais su quoi lui répondre. Surtout que les conditions étaient un numéro d'humour en elles-mêmes. La scène, que les gars devaient monter et démonter eux-mêmes chaque semaine, était placée devant trois terrains de tennis ; non seulement les spectateurs pouvaient-ils voir les balles passer en arrière-plan, le son des parties qui se jouaient était également au rendez-vous. C'est donc sur fond des «Pop… Aaaah», «Pop… Aaaah» des joueurs que se faisaient les blagues. Et pour couronner l'absurde environnement sonore, il y avait dans le bar une cage contenant sept ou huit colombes vivantes, qui roucoulaient sans arrêt comme si leur vie en dépendait. Certains soirs, les colombes étaient plus nombreuses que les spectateurs, et beaucoup plus bruyantes aussi. On utilise souvent des bruits de criquets pour caricaturer le malaise suivant une blague qui ne fonctionne pas; il est maintenant prouvé que des roucoulements de colombes ont le même effet dévastateur sur la confiance en soi des artistes.

Un stand-up comic classique aurait, peut-être, avec difficulté, pu s'en sortir en improvisant avec les quelques spectateurs et en jouant l'autodérision, dans la situation irréelle de cet engagement. Mais pour un groupe comme les Bizarroïdes, qui présentait des numéros physiques et absurdes tels que *Les belles-sœurs de Michel Tremblay à la manière dansée de La La La Human Steps* devant 12 personnes en shorts et des colombes, ce n'était rien de moins qu'un suicide artistique tous les soirs.

Martin se souvient que, déconcentré pendant ce numéro de danse, une collision avec Ken Scott a projeté ce dernier sur la scène où il s'est frappé la tête. Après quelques secondes d'absence, Ken s'est relevé, a vu Martin en collant avec une perruque blonde à la Louise Lecavalier et a demandé: «On est rendus où?», ce à quoi Martin a répondu: «Dans un club de tennis à Saint-Eus-tache, on termine un numéro de danse et ensuite on fait celui de la nage synchronisée.» Ken aurait préféré rester k.-o.

S'ils ont manqué de jugement en acceptant ce contrat, les Bizz peuvent cependant se vanter d'être des hommes de parole, car ils ont complété cette série de spectacles jusqu'au dernier, alors que plusieurs auraient sans doute tiré les colombes au slingshot pour le simple plaisir de se faire congédier.

Je disais plus tôt qu'il n'y avait eu aucun apprentissage à l'été 1992 pour Martin, mais c'est faux. Il a appris que le mélange humour-tennis-oiseaux ne fonctionne pas, qu'il préfère la simplicité du stand-up à la complexité d'un quatuor à gadgets, que la démo-cratie a ses faiblesses et que la phrase «Ça va être bon pour toi» veut parfois simplement dire: «Reste donc chez vous.»

Le festival de la confusion
(Première partie)

Puisque nous sommes tous noyés d'informations, de nouvelles, de vedettes, de lancements, de publicités, de concours, de scandales, de courriels, de sondages et de potins variés, il est parfaitement normal qu'une certaine confusion règne parfois dans nos têtes, et ce, que nous soyons humoristes, journalistes, animateurs, fans ou parents.

Voici quelques situations où les comiques que j'ai rencontrés ont fait face à de légers malentendus.

- François Léveillée se rend à la station Rythme FM de Montréal pour une entrevue avec Sébastien Benoît. En voyant François arriver, Sébastien s'exclame : « Oh ! Je m'étais préparé pour interviewer Claude Léveillée ! »

- En promotion à Québec pour son spectacle *Le micro de feu*, Martin Petit se fait interviewer par un animateur de radio qui lui demande :
  « À part ton show, tu fais quoi ces temps-ci ?
  – Ben, j'ai coécrit le film *Starbuck,* réalisé par Ken Scott.
  – Ah oui ? Ça sort quand ?
  – C'est sorti depuis six semaines, on vient de franchir le deux millions de dollars au box-office. »

- Alors qu'ils attendent en coulisses avant une entrevue à RDI, les Denis Drolet entendent la journaliste qui va les interviewer dire aux téléspectateurs : « Restez là, car après la pause je reçois les Denis Drolet, ceux qui sont reconnus pour leurs habits noirs. »

- Toujours pour les Denis Drolet, Érick Rémy commence une entrevue en leur demandant : « Qu'est-ce que vous trouvez de drôle dans ce que vous faites ? »

- La grand-mère de l'ex-femme de Michel Barrette lui a déjà dit : « J'aime beaucoup ce que vous faites, monsieur Barrette, mais mon Dieu que j'aime pas ça quand Joël Denis enlève ses dents pour faire Hi-Ha Tremblay. Franchement. Monsieur Denis, un homme d'éducation comme lui ! »

- Mario Jean donne un spectacle dans un bar, et l'animateur qui doit le présenter tente de boucher du temps afin de respecter l'entente conclue avec le propriétaire. Alors qu'il raconte des histoires qui intéressent peu de gens, un spectateur s'approche de lui et lui offre un cognac. L'animateur, qui voit là un signe d'appréciation, le remercie, mais le gars lui répond : « Pendant que tu le bois, ça devrait te fermer la yeule. »

- Dans le cadre du tournoi de golf d'une entreprise, François Léveillée, avec un de ses personnages, raconte un voyage au Costa Rica. Il fait des blagues sur la jungle, sur le fait qu'ils n'ont qu'un seul téléphone alors qui peuvent-ils bien appeler, etc. Un des spectateurs, un jeune homme plutôt costaud, originaire du Costa Rica et récemment arrivé ici, ne comprend pas toutes les subtilités du français, mais il comprend très bien « Costa Rica », et il entend aussi très bien les rires de ses nouveaux collègues. Il monte sur la scène et interrompt le spectacle pour engueuler vertement le pauvre Léveillée qui se moque de sa patrie. Quelqu'un viendra éventuellement le chercher pour lui expliquer ce qui se passe.

- En 1999, pendant une entrevue avec une journaliste d'Alma, qui travaille maintenant à Montréal (je ne dis pas où), Maxim Martin se fait dire : « Alors avant de faire de l'humour, vous avez travaillé à vendre des portes et fenêtres pour votre père. » Maxim lui explique qu'elle le confond avec Martin Matte. La journaliste ferme son magnétophone, se choque et lui dit : « Je m'excuse, mais je suis professionnelle et j'ai fait ma recherche ! Je sais qu'encore récemment vous parliez de votre père. » Et

Maxim de répondre : « Mon père est décédé depuis quatre ans, mais si tu veux m'ostiner sur ma propre vie, c'est correct. »

Un intrus...

La prochaine anecdote m'a été racontée par mon ex-collègue de CKOI FM, Steve Meunier. Steve n'est pas humoriste. Ni scripteur, ni metteur en scène, ni acteur, ni producteur d'humour. Son anecdote est bonne, mais l'humour est comme le Costco ; on ne peut y entrer sans être accompagné par un membre. C'est pour cette raison que Steve sera ici parrainé par nul autre que le légendaire Louis de Funès. Vous retrouverez donc quelques répliques des films de monsieur de Funès au cours du récit. En voici une première :

« Je veux de l'eau pétillante. Mais pas papapapapa, plutôt pupupupupu. » (*Le grand restaurant*)

Allons-y donc avec l'histoire.

Lors de spectacles privés, une fois que le sac à blagues a quitté la scène avec son chèque et ce qu'il lui reste de fierté, il arrive très souvent qu'un DJ s'active pour faire swigner le payroll de la compagnie au grand complet.

Steve Meunier, en plus de travailler en tant que producteur radiophonique pour les stations du groupe Cogeco, est un de ces gars qui passent plusieurs week-ends par année à faire jouer *YMCA* et *Staying Alive* dans ces soirées où la réserve corporative habituelle fait place aux déhanchements provocateurs, ainsi qu'aux déclarations douteuses grâce auxquelles, le lundi suivant, les fleuristes font fortune avec leurs bouquets « Excusez-moi d'avoir trempé mon pénis dans votre crème de menthe ».

« Il est riche comme moi et catholique comme tout le monde. » (*Rabbi Jacob*)

Un soir de 2002, Steve se fait aller les tables tournantes pour une multinationale œuvrant dans le domaine de l'outillage industriel. Pour la première fois, les représentants de toutes les succursales sont réunis au même endroit, et tous ces big shots viennent à l'avant, chacun leur tour, faire un petit discours afin de motiver les troupes. Un protocole quasi princier enrobe cette partie de la soirée : à chaque présentation d'un des patrons, une chanson minutieusement choisie en fonction de son caractère accompagne son déplacement vers la scène.

« Comment ça, merde alors ? *But* alors, *you are French* ? » (*La grande vadrouille*)

Tout se déroule comme prévu jusqu'à ce que le président décide, sans avertir qui que ce soit, d'inviter le doyen et fondateur de la compagnie, un homme de 90 ans, à venir dire un mot à l'avant. Et là, deux problèmes se pointent. Le premier est que le patriarche se déplace très péniblement à l'aide d'une canne ; le deuxième est que Steve n'a pas reçu d'indications sur la chanson qui devra meubler le long déplacement de l'ancestral vétéran.

« La révolution, c'est comme une bicyclette, quand elle n'avance pas, elle tombe. » (*Rabbi Jacob*)

Évidemment, *Dégénération* de Mes Aïeux nous vient en tête comme une excellente blague à faire ; mais, d'une part, c'était en 2002 et la pièce n'existait pas encore et, d'autre part, cet hommage spontané à Grand-Papa Bi n'était pas le moment de faire le fantasque. Pourtant ! Alors que l'antique sage amorce son long pèlerinage vers le micro, Steve prend la première chanson qui lui tombe sous la main : *My Way,* de Frank Sinatra. Vite de même, cela semble être un bon choix, sauf si on comprend les paroles en anglais, ce qui était le cas de toutes les personnes présentes. Et pendant que l'usé senior espérait que quelqu'un lui éternue dans le dos pour lui donner un élan, on a entendu : «*And now, the end is near, and so I face the final curtain.* » (Et maintenant, la fin est proche, et je fais face à la chute du rideau.)

Bravo, Steve !

« Quand on n'a pas les moyens, on pique-nique. » (*L'aile ou la cuisse*)

DUCHARME

Connaissez-vous le mot « codingue » ? Moi, je ne le connaissais pas avant de travailler avec André Ducharme. À l'époque où j'animais *Merci bonsoir*, André venait toutes les semaines faire une revue de l'actualité, et c'est par une belle soirée d'automne qu'il m'a dit : « Salut, mon codingue préféré ! » Pour ceux qui s'apprêtent à faire une recherche sur Google, codingue signifie innocent, simple d'esprit, légèrement épais ; bref, entre humoristes, c'est un compliment. Je suis donc depuis ce temps « codingue », et lui, « codingue en chef ». Qui a dit qu'on n'apprenait rien en écoutant des humoristes ? Et c'est aussi grâce à lui que j'ai appris comment programmer un VHS. À la fin des années 1980, alors que je ne vivais que pour mes matchs du vendredi soir de la Ligue universitaire d'improvisation, Rock et Belles Oreilles sévissait sur les ondes de feu TQS, à la même heure. Constamment déchiré entre écouter *Bonjour la police*, *Monsieur Caron* et *La famille Slomeau* ou aller à la ligue d'impro faire un ours qui danse le disco, le vent qui chante un poème ou Fidel Castro qui devient G.O. dans un Club Med, j'ai dû pitonner pour programmer cette machine du diable qui, une fois sur deux, enregistrait *Coup de foudre*. Quel codingue…

Sa blonde l'aime

Pendant ses années à la télé, RBO a frappé sur tout ce qui bougeait : émissions de télé, publicités, journalistes, comédiens, chanteurs, commentateurs sportifs, courants sociaux et institutions. Les gars frappaient même sur ce qui ne bougeait pas, comme le gouvernement et la religion. Personne n'était épargné, certains en ont possiblement souffert, mais très peu s'en sont plaints, du moins pas directement. Dans les années 1980, après la rupture du groupe Beau Dommage, le chanteur Pierre Bertrand a connu beaucoup de succès en solo, avec des hits comme *Ma blonde m'aime* et *Un air d'été,* entre autres. Les gars de RBO, trouvant que les paroles et le sens de ces chansons à haute rotation radiophonique étaient plutôt minces, en ont fait une parodie assassine ayant pour titre: *Aucun intérêt.* Dans ce clip, André incarne un Pierre Bertrand incapable de tenir le rythme, tapant du pied tout en chantant: « Aucun intérêt, je suis sans aucun intérêt. [...] Au supermarché, c'tait un samedi, je poussais un chariot, j'faisais mon épicerie. [...] La fille m'a dit 60 dollars, j'lui ai donné 60 dollars. Rien à raconter, je n'ai rien à raconter, ma vie est pleine de banalités, rien à raconter. Aucune émotion, je n'ai aucune émotion, ça paraît toujours dans mes chansons... »

De l'aveu même d'André, c'était chien, mais comme pour tout ce que RBO a fait, le but ici n'était pas de faire mal, mais bien de faire rire. Il est très difficile, voire impossible de faire rire si l'intention de départ est négative, si des motivations de vengeance, de haine et d'aversion habitent celui qui fait le gag. Le public sait très bien distinguer celui qui joue pour jouer de celui qui joue pour blesser.

À *Merci bonsoir* ainsi qu'à Juste pour rire, j'ai très souvent parodié le cinéaste Pierre Falardeau. Cette caricature marchait très fort et était embrassée par Falardeau lui-même, qui est venu sur scène avec moi le temps d'une parodie de *Deux filles le matin* ayant pour titre *Deux Pierre le matin,* justement parce que j'aimais bien Falardeau. Malgré ses excès, il m'était sympathique, et il sentait bien l'affection et l'intention ludique derrière les sketchs. Et pour être encore plus honnête, je ne connais aucun comique qui se donnerait la peine de passer des heures à écrire et à faire des numéros sur une personne qu'il déteste. (À moins qu'il la déteste VRAIMENT. N'est-ce pas, Yoland Trudel de la rue des Pinsons à Laval?? Un jour, j'aurai ma vengeance!!)

Cela étant dit, malgré des intentions nobles, on peut parfois blesser sans s'en rendre compte. Plus de six mois s'étaient écoulés depuis la diffusion du sketch *Aucun intérêt* lorsque, dans un party, André se fait aborder par la conjointe de Pierre Bertrand qui lui dit que, depuis cette parodie, Pierre est incapable d'écrire quoi que ce soit, un peu comme si RBO avait mis le doigt sur une angoisse réelle du chanteur qui craint que ses textes ne soient absolument pas pertinents. Mal à l'aise, André l'a rassurée sur le fait que ce n'était qu'un gag, que le succès réel des chansons de Pierre était la seule véritable mesure valable de son talent, et qu'il était un fan.

S'il y a eu malaise pour un temps, la réconciliation fut complétée et officielle quelques années plus tard, pendant la crise du verglas.

RBO et Beau Dommage, qui étaient tous les deux en période de rupture, se sont réunis tous ensemble le temps d'un concert spécial, dans un refuge pour les victimes à McMasterville. Les gars de RBO étant autant musiciens qu'une écrevisse peut être acupuncteur, c'est Pierre Bertrand et Michel Rivard qui se sont assurés de les soutenir à la guitare pendant *Le feu sauvage de l'amour* et *Arrête de boire*.

Les membres de RBO ont ensuite prêté leurs voix aux pièces plus sérieuses de Beau Dommage, incluant celles de Pierre.

L'œuvre intégrale

Quand on pense aux personnalités ayant déjà joué la carte du sex-symbol pour exciter la foule, le nom d'André Ducharme n'est pas nécessairement le premier à apparaître au sondage. En fait, il est répertorié juste avant Danny DeVito, mais derrière Fred Caillou. Il a pourtant déjà exposé ses arguments à Belœil, laissant ainsi à 400 pauvres spectateurs un souvenir qui leur donne encore à ce jour des cauchemars récurrents.

Pendant la tournée *Bêtes de scène*, RBO y allait de quelques numéros chantés avec steppettes, dont un sur la chanson *Un enfant de toi*. Cette pièce est une véritable ode à l'homosexualité, dans laquelle chacun des couplets rend hommage à un homme, le tout se terminant par une chorégraphie à la Chippendales où tout le monde s'arrache le pantalon pour se montrer en string. On se souvient tous des problèmes vestimentaires de Janet Jackson au Super Bowl en 2004, alors que, « par accident », une partie de sa veste s'est arrachée, dévoilant son nichon étoilé à l'univers au grand complet. Eh bien, André a vécu le même problème, à quelques différences près. D'une part, ce n'est pas le haut de son costume, mais plutôt le bas qui a fait défaut dans ce cas-ci. Quand il a arraché les pantalons qui tenaient avec du velcro pour la grande finale, le string s'est lui aussi déraciné des hanches du comique, dévoilant ainsi un punch que je ne saurais qualifier de gros, de moyen, de petit ou de défi sportif, pour la simple raison que je n'y étais pas et qu'aucune preuve vidéo de l'apparition de l'« alien » n'existe. L'effet fut cependant monstrueux sur la foule et sur les autres membres de RBO, qui se roulaient par terre. Autre nuance distinguant cette anecdote de l'affaire de la boule à Jackson : on parle ici d'un vrai incident, non prévu, non calculé, mais qui a eu une suite. Car un an plus tard, toujours dans le même numéro et durant la même tournée, c'est le string de Bruno Landry qui a fait une fugue, révélant ainsi la spinouche secrète du crastillon du chef Groleau.

Louise est la maman de bien des comiques. En tant qu'ex-directrice artistique des Lundis des Ha! Ha! et actuelle (et depuis toujours) directrice de l'École nationale de l'humour, elle a été en contact avec plus d'humoristes que le siège de toilettes des loges du Théâtre St-Denis. Louise a un pouvoir sur nous. Non seulement elle nous connaît, mais, le plus important, elle nous a connus à nos débuts : inquiets, malhabiles, souvent mauvais, sans le sou, ne connaissant rien à rien, affamés de réussite, d'applaudissements et de n'importe quoi sauf de nouilles Ramen. Et elle détient plusieurs bandes vidéo humiliantes montrant nos premiers pas d'oisillons blessés tentant de faire rigoler. Donc, lorsque, aujourd'hui, elle appelle tous ces ex-blancs-becs devenus vedettes en demandant : « On fait une collecte de fonds pour l'École, viendrais-tu faire un numéro bénévolement ? » ou : « J'aurais besoin de toi pour le gala Les Olivier », ou encore : « Pourrais-tu cacher des armes à feu chez toi pendant quelques mois ? », on ne peut refuser. Ceux et celles qui l'ont fait ont mystérieusement disparu.

Les auditions

Passer une audition, que ce soit pour obtenir un rôle ou un ticket pour entrer dans une école, est, pour la vaste majorité des gens, une pénible épreuve. Se retrouver dans une petite salle éclairée au néon, devant trois juges attablés qui écoutent et prennent des notes, est tellement à l'opposé des conditions réelles d'une vraie performance que rares sont ceux qui en sortent heureux et convaincus d'avoir bien fait ça. Étant une de ces personnes qui tentent de dénicher le potentiel, Louise avoue que la tâche n'est guère plus facile de l'autre côté de la table. Non seulement on espère ne pas se tromper dans ses choix, mais aussi, sachant qu'on est devant des êtres totalement vulnérables et déstabilisés, on tente d'être sécurisant et généreux pour les mettre à l'aise et installer un minimum d'humanité dans le processus. On doit aussi, et c'est là que les anecdotes arrivent, endurer certains candidats qui, malgré une volonté himalayenne et des rêves entretenus par famille, amis et collègues de bureau persuadés du potentiel de leur poulain avec une drôle de face, sont juste au mauvais endroit. En voici quelques-uns.

Malgré leur immense succès et l'influence majeure qu'ils ont eue sur l'humour québécois, les Lundis des Ha! Ha! ont débuté bien modestement. Les auditions se déroulaient dans l'appartement de Louise, et c'est chez elle qu'elle a pu constater que le génie absurde que démontrait Claude Meunier de façon si fluide a donné à certains l'illusion qu'il suffisait de faire n'importe quoi pour que ça marche.

Un des candidats aux auditions incarnait un personnage qui disait vivre à l'inverse du monde; au lieu de donner du pain aux oiseaux, il donnait des oiseaux au pain. Il a étendu des tranches de pain par terre qu'il a ensuite arrosées de sauce Tabasco, « juste pour faire chier les oiseaux ». Louise, voyant son tapis changer de couleur mais trop gênée pour dire au gars de cesser l'assaisonnement, n'a jamais réussi à nettoyer les taches, et elle a dû s'habituer à vivre avec un salon mexicain qui sentait fort les épices.

Le succès de nombreux diplômés de l'École nationale de l'humour depuis près de 25 ans donne à l'institution un prestige mérité, qui atteint presque le statut de mythe aux yeux de certains jeunes aspirants comiques. Lors des auditions, les apprentis doivent présenter un numéro d'environ sept minutes qu'ils ont eux-mêmes écrit, après quoi les juges discuteront avec eux afin de mieux connaître leurs aspirations, caractère, attentes et parfois côtés noirs. Il n'est pas rare qu'un postulant s'ouvre et remette son destin et sa vie entre les mains des juges en disant : « Si jamais je suis pas accepté ici, je sais pas c'que j'vas faire. » D'autres tentent de mettre toutes les chances de leur côté, comme cette postulante qui, avant son audition, a déposé un grigri porte-bonheur sous la table des juges.

Une autre candidate, elle, qui avait été refusée à l'École, s'est représentée l'année suivante. La reconnaissant, Louise lui a dit :

« Re-bienvenue !

– Pourquoi vous me dites ça ?

– Parce que t'as auditionné l'an dernier.

– Non, c'était pas moi, c'était ma sœur jumelle.

– Vous êtes jumelles et vous avez le même prénom ?

– Oui.

– Ça doit devenir mêlant.

– En effet. »

Un jeune homme, expert en mécanique, a pour sa part présenté un numéro de huit minutes pendant lequel il ne faisait qu'imiter des bruits de moteurs : voiture, tondeuse, scie à chaîne, motoneige, scooter, avion ; toutes les puissances de chevaux-vapeur y sont passées. À la suite de cette performance riche en postillons, Louise lui a suggéré d'installer un contexte, une ambiance, de raconter une histoire afin de mettre en valeur ses talents de bruiteur. L'année suivante, il s'est représenté aux auditions et a raconté l'histoire de Blanche-Neige et les sept nains. Blanche-Neige coupait du bois dans la forêt avec sa scie à chaîne (bruit), alors les sept nains arrivèrent ; un en scooter (bruit), un en avion (bruit), un en moto-neige (bruit)…

Un homme d'affaires travaillant pour une chaîne de magasins d'électronique a raconté des anecdotes de clients difficiles qu'il avait eu à servir. Au party de Noël de l'entreprise, ces histoires avaient beaucoup fait rire ses collègues, qui l'avaient ensuite convaincu de se présenter à l'École avec ce même matériel. Les « comiques de salon » sont nombreux à tenter leur chance à l'ÉNH. Plusieurs comprennent alors qu'être debout sur un pouf devant la famille est différent du feeling d'être sur une scène devant des inconnus ; car on ne peut menacer des inconnus d'être rayés de l'héritage pour les obliger à rire.

Finalement, il y a ce gars qui entre dans le local d'auditions avec un sac en plastique dans la main et demande un endroit pour se changer. Il va derrière les rideaux et y demeure pendant cinq longues minutes, au bout desquelles il ressort avec un immense faux pénis dans les pantalons. Il fait un numéro de stand-up régulier durant lequel il ne fait jamais mention de son entrejambe en trois dimensions. Il a quitté le local sans le retirer, personne n'a jamais compris ce qui s'était passé.

jean-michel
ANCTIL

Jean-Michel et moi avons partagé plusieurs moments marquants dans nos vies: premier show amateur, premier show professionnel, et premiers attouchements. (Lisez la suite avant de juger.)

En 1992, nous étions ensemble à l'École nationale de l'humour, et Jean-Michel passait alors beaucoup de temps dans le costumier. C'était sa façon à lui de trouver l'inspiration nécessaire pour créer de nouveaux personnages; il s'y sentait aussi à l'aise que l'Incroyable Hulk à la parade de la Saint-Patrick.

Par un bel après-midi de février 1992, alors que j'écrivais tranquillement des blagues dans un local, Jean-Michel est entré et s'est jeté sur moi comme un labrador sur un frisbee en steak. Il portait une perruque noire, gesticulait en fofolle tout en baragouinant: «Je suis la sensuelle Olga et je te désire!» Après 45 minutes de caresses et de mamours auxquels je répondais affectueusement par des coups de pied dans la gorge, son personnage de Priscilla était né. Nous avons ensuite partagé la scène pendant la Tournée Juste pour rire 1993, où Priscilla volait le show. Tous les soirs, je le voyais en coulisses, nu, enfilant bas de nylon, talons hauts et rouge à lèvres. Je consulte encore afin d'éliminer ces images de mon esprit.

L'heure des quilles

Pendant cette même Tournée Juste pour rire 1993, Jean-Michel, s'inspirant d'un vieux chandail de quilles issu du costumier de l'École, crée le personnage de Gilles Joly, un expert-quilleur totalement enivré par son sport et emballé par sa commandite du casse-croûte Patate Plus. En voyant le spectacle, un responsable de la ligue de quilles de Sainte-Julie est séduit par ce maître du dalot et demande à l'avoir pour sa soirée Clair de lune, pendant laquelle petites et grosses boules roulent jusqu'à 3 h du matin.

Avec l'habituelle naïveté du débutant qui veut faire 75 piastres, JM dit oui sans même poser quelques questions essentielles, et en voici le résultat: la chambre froide de l'endroit lui sert de loge et le show prévu pour minuit débute à 2 h 15 du matin. Je ne l'ai jamais vécu personnellement, mais JM me confirme que passer deux heures dans une chambre froide est presque aussi agréable que faire du rodéo après une vasectomie.

Maintenant qu'on a réglé le cas de la loge, où est la scène? «Quelle scène? Va faire ton show sur l'allée 22.»

Mon ami Anctil, entièrement vêtu de Fortrel stretché, prend le micro servant habituellement à avertir les préposés qu'il manque de déodorant à chaussures, et commence son numéro dans lequel il ridiculise les quilleurs, sur une allée de quilles, devant des joueurs de quilles. Des conditions gagnantes. De plus, par respect pour l'artiste, on arrête le jeu sur toutes les autres allées. Ainsi, tous les amateurs de souliers deux couleurs à semelles glissantes se voient obligés d'écouter un ti-coune inconnu les baver.

Devant l'indifférence générale mêlée de dédain, après avoir entendu quelques «Eille! Achève! On paye à l'heure, nous autres!!», JM saute quelques paragraphes de gaguinets sur les abats, prend sa boule, marche les 100 pieds de bois franc qui le séparent de la liberté et se rend directement dans sa voiture sans se changer. Il n'a jamais refait ce numéro.

Tout comme Gilbert Rozon et le bonhomme vert, Andy Nulman est indissociable de Juste pour rire, et surtout de son pendant anglophone, Just For Laughs. Après un séjour de quelques années dans les médias, ce metteur en scène, conférencier et producteur est revenu en 2010 dans les bureaux de l'entreprise en tant que directeur du marketing pour les volets francophone et anglophone. Andy a toujours cru que Juste pour rire est un événement à part et que cela doit se refléter partout, surtout dans son image et dans ses publicités. En 1993, pour une raison dont ni lui ni moi ne pouvons nous souvenir avec précision, la conférence de presse pour le lancement du Festival se déroulait au magasin Eaton du centre-ville de Montréal. Les journalistes présents recevaient un coupon-rabais de dix dollars échangeable en magasin, et on avait installé une passerelle de défilé de mode sur laquelle se feraient les discours. Jean-Michel Anctil et moi-même avions été choisis par Andy pour animer le tout, et pour appuyer le concept Eaton, nous étions en sous-vêtements comme des mannequins du catalogue. Ne cherchez pas des images de cela, j'ai tout détruit.

Panique dans la parade

En 1991, afin de médiatiser le volet des Arts de la rue de JPR, la chaîne américaine Showtime a l'idée de capter une parade mettant en vedette 75 artistes variés : clowns, jongleurs, mascottes et autres amuseurs qui défileront dans le Quartier latin aux abords du St-Denis. Le plan est qu'une fois les images captées, un montage sera fait afin qu'environ cinq minutes du défilé soient diffusées dans le cadre d'une émission présentant également les meilleurs moments des numéros de galas.

Pour cet événement qui a lieu le 16 juillet, on ouvre la machine : nombreuses caméras, éclairage, barricades, sécurité et une foule considérable qui se déplace. Pour l'occasion, Andy est juché sur une estrade avec un micro et il devient l'analyste qui décrit la parade pour les milliers de spectateurs sur place. Tout se déroule bien, la foule est enthousiaste, le temps est superbe et la bonne humeur est au rendez-vous ; ce qui pose un problème avec Stuart Feldman.

Monsieur Feldman, un clown portant un immense chapeau de cowboy en Styrofoam, amuse les jeunes en fabriquant des chiens en balloune. Il obtient un grand succès auprès du public présent, ce qui l'enthousiasme au plus haut point. Probablement peu habitué à avoir des rappels et à semer l'hystérie avec ses caniches soufflés, monsieur Feldman s'arrête régulièrement pour se faire voir du plus grand nombre possible. Je ne possède pas un doctorat en parade, mais je peux facilement comprendre que, si un des éléments du défilé s'arrête, cela retarde les autres. Voyant que les nombreuses prestations de monsieur Feldman créent un bouchon majeur de dragons chinois, de majorettes en unicycle et de nains en kart de golf, Andy prend son micro et lui envoie subtilement le message d'avancer en disant : « C'était Stuart Feldman, mesdames messieurs, Stuart Feldman !! »

Stuart ne comprenant pas le message, Andy le refait une deuxième fois. Puisque Feldman est absorbé par son nouveau statut de rock star de la balloune, Andy ajoute : « On applaudit Stuart Feldman alors qu'il poursuit son chemin !! »

Toujours pas de mouvement. Alors, Andy personnalise son message : « Stuart Feldman, veuillez avancer pour ne pas ralentir la parade. »

Aucune réaction. Andy prend donc les grands moyens : « Stuart Feldman, bouge ton cul !!! »

Ce cri du cœur fait son effet, mais il est trop tard ; une congestion majeure de bouffons a été créée. Un des guignols affectés par ce ralentissement est Remi Bricka, l'homme-orchestre-feux d'artifice. Monsieur Bricka a prévu lancer des pétards qui sont attachés à son manche de guitare, mais, les excès de chiens en balloune l'ayant fait dévier de sa trajectoire, il se retrouve collé aux barricades alors qu'il aurait dû être au centre de la chaussée. Les feux d'artifice sont lancés, et deux d'entre eux atterrissent dans la foule. Il s'ensuit évidemment une scène digne des meilleures émeutes au Moyen-Orient. L'agitation totale gagne le public. On tente de se sauver de la rotation infernale des pétards qui garrochent leurs étincelles avec générosité. Des gardiens de sécurité ont la bonne idée de jeter les barricades par terre afin de libérer le peuple des toupies de flammèches. Pour ajouter une couche d'ironie à ce dessin animé, la chanson que joue monsieur Bricka à ce moment est nulle autre que le thème officiel de Juste pour rire.

La parade se termine. Croyant s'en être bien tiré dans les circonstances, Andy est cependant attendu par deux victimes des événements : un policier en vacances et en bedaine qui a vu son chandail brûler à cause d'un des feux, ainsi qu'une dame qui se tient une oreille endommagée par une des rockets de joie. Déployant tout son charme, il réussit à acheter la paix en distribuant aux deux individus, et à leurs familles, tous les souvenirs Juste pour rire disponibles, ainsi que des billets pour les spectacles de leur choix. Il semble qu'aucun des deux n'ait choisi le spectacle de Stuart Feldman.

gilbert ROZON

En 1992, je faisais un spectacle au Club Soda avec l'École natio-nale de l'humour, et nous savions que les recruteurs de Juste pour rire étaient présents, ce qui, disons-le, ajoutait quelques couches de nervosité à nos petites personnes déjà bien fragiles. À l'entracte, Gilbert Rozon est entré dans la loge pour nous saluer. Nous étions tétanisés. C'est comme si Ronald McDonald arrivait en surprise dans la cuisine pour évaluer des stagiaires qui flippent des boulettes.

Gilbert est un véritable personnage. La plupart des dirigeants qui évoluent dans l'industrie du spectacle sont d'abord et avant tout des hommes d'affaires ; c'est-à-dire qu'ils croient qu'on peut tout régler avec une calculatrice. À l'opposé, bien des artistes croient qu'on peut tout régler en se mettant une perruque et des collants. Gilbert est un heureux mélange des deux ; il porte tou-jours une perruque et des collants pour faire ses calculs. Véritable Kid Kodak qui ne refuse jamais une apparition dans un sketch ou une présence à la télé, il est un des rares décideurs qui peuvent être visionnaires tout en demeurant très sensibles aux insécurités et aux doutes des artistes. Archiprésent tout au long du Festival, que ce soit avant, pendant ou après spectacles et galas, c'est d'abord et avant tout un fan d'humour qui suit tout ce qui se fait partout sur Terre, et qui distribue généreusement encouragements, poi-gnées de main et accolades ; tout comme le ferait un maire de Montréal.

Se péter la gueule pour vrai

En 1991, JPR invite Jerry Sadowitz sur un gala anglophone Just For Laughs. Cet humoriste écossais reconnu pour ses propos controversés, qui a vu son émission *The Pall Bearer's Revue* accumuler un record de plaintes à la BBC de Londres, fut de loin celui dont tout le monde parlait au party d'après-show. La direction du Festival savait très bien qu'elle prenait un risque en l'invitant. Mais le rôle de JPR étant de présenter tous les styles d'humour et de prendre des risques, il était donc au programme. Bruce Hills, le directeur de Just For Laughs, avait passé au peigne fin le texte de Sadowitz, et rien n'indiquait qu'un scandale se préparait.

En fait, tous les humoristes donnent à l'avance le texte qu'ils entendent livrer au gala, mais une fois sur scène certains se permettent quelques écarts ou improvisations. Ce fut le cas ici.

Dès son entrée en scène, Sadowitz a rapidement affiché ses couleurs en disant : « Salut, les baiseurs d'orignaux ! » Après cette chaleureuse salutation, il a enchaîné avec la mignonne observation suivante : « Je vais vous dire ce que je déteste du Canada : la moitié d'entre vous parle français et l'autre moitié les laisse faire ! C'est quoi le *fucking* problème ! Vous n'êtes pas en France, vous êtes au Canada ! »

Précisons ici que nous sommes en juillet 1991, juste après l'échec de l'Accord du lac Meech, à peine un mois après la naissance du Bloc québécois. Le timing pour des insultes antifrancophones n'est donc pas tout à fait, comment dire, tiguidou laï-laï.

C'est à ce moment qu'un spectateur assis dans la première rangée, un certain Bernard Fredette, visiblement en désaccord avec la poésie éditoriale de Sadowitz, monte sur scène et le frappe violemment au visage. Plusieurs fois. La foule, ignorant si cela fait partie du show ou non, ne sait comment réagir. Pendant ce temps, en coulisses, il aura fallu attendre quatre ou cinq taloches avant que, finalement, on se décide à se remuer pour envoyer quelqu'un stopper le tout.

Il s'est ensuivi un bordel total en coulisses, avec caméras et policiers, pendant que sur scène l'animateur Kevin Nealon tentait de faire comme si de rien n'était: «Ha! Ha! Ha! C'était quelque chose, hein?… Alors, notre prochain invité… »

Comme la grande majorité des humoristes ayant la réputation d'être crus et baveux en spectacle, Sadowitz est reconnu pour être très calme, paisible et pacifique dans le quotidien. Le jour du gala, il marchait tranquillement dans les rues de Montréal, main dans la main avec sa mère et sa sœur. Le soir, il était au poste de police avec la figure décorée. Il fait encore du stand-up et de la télé, mais n'est jamais revenu à JPR.

JUSTE POUR PLEURER

Le Festival Juste pour rire et tous ses dérivés ont constitué l'élément déclencheur de la carrière d'une quantité industrielle d'humoristes, dont la mienne. J'ai débuté en participant aux Lundis Juste pour rire à Québec et à Montréal. Ensuite, j'ai remporté les Auditions Juste pour rire en 1990, ce qui me donna accès à mon premier gala Juste pour rire. Je n'ai jamais raté une édition du Festival depuis.

Pour un jeune humoriste, la première présence à un de ces galas représente une étape majeure. C'est encore le cas aujourd'hui, mais ce genre de performance représentait bien davantage à l'époque, alors que les galas constituaient à peu près la seule vitrine de qualité pour se faire voir, d'une part par l'industrie et les journalistes le soir de l'événement, mais aussi et surtout par 2 millions de personnes lors de la diffusion télé. L'impact d'une présence réussie au Festival était majeur. C'était avant Internet et toutes ses possibilités, avant que d'autres festivals d'humour arrivent, avant que le public ait accès à 819 chaînes de télé dont un poste où on vend 24 heures sur 24 des machines pour faire de la slush au foie de veau.

J'étais très conscient de l'importance de tout cela. En fait, pour être honnête, je gonflais un peu l'aventure dans ma tête, comme toute bonne recrue surexcitée. J'étais très nerveux lors de la diffusion de mon premier numéro de gala à la télé. En salle le soir du gala, j'avais très bien performé, mais le montage pour la télé me faisait peur.

À un point tel que je n'ai pu le regarder, du moins pas en direct. J'ai programmé mon enregistreur, je suis sorti prendre une marche pendant toute l'heure que durait l'émission, pour ensuite revenir et visionner mon huit minutes, mais par étapes. J'ai tout d'abord débuté en ne regardant que l'image en baissant le son ; question de voir comment le tout sortait visuellement. Voir un gros plan de sa face la première fois est assez dérangeant. Ensuite, je n'ai écouté que le son sans regarder l'image, pour entendre la qualité des rires et de ma livraison. Finalement, je me suis tapé le forfait total. Je sais. Ce n'est pas normal. Ne posez pas trop de questions.

Au moment d'écrire ces lignes, Juste pour rire prépare sa 30e édition.

Il est le plus important festival d'humour au monde en matière de rayonnement international, et pour le nombre d'artistes, de variétés de spectacles, de qualité de ses productions et donc aussi, forcément, pour le nombre d'histoires ayant mal tourné. Puisque nous y avons tous participé à plusieurs reprises, le choix ne manque pas au rayon des cauchemars du bonhomme vert.

Gilbert Rozon
Le gala le plus court

L'humour s'exporte beaucoup moins facilement que la musique. Certains humoristes français, belges ou suisses ayant traversé ici l'ont appris de façon spectaculairement pénible. Et plusieurs Québécois ont aussi fait le même constat au pays du bon pain et du serveur chiant.

La musique peut traverser les frontières par la simple émotion qui s'en dégage, mais en humour, c'est un peu plus complexe. Tout doit être clair et limpide entre l'artiste et le public : les références, le vocabulaire, les codes culturels et un tas d'autres détails font en sorte que le courant comique peut ne pas passer, même lorsque l'on partage la même langue.

Après quelques aventures plus ou moins heureuses d'humoristes européens éprouvant des difficultés dans les galas Juste pour rire, Gilbert et son équipe ont l'idée de faire un gala 100 % français, fait par et pour les Français et autres pays de la francophonie. L'idée est excellente ; à preuve, elle tient encore la route avec grand succès aujourd'hui, en 2012. La genèse de ce concept prend place en 1993. Lors d'un spectacle en Europe pour souligner les 80 ans de Charles Trenet, Gilbert fait la connaissance de Marc De Hollogne, auteur, acteur, réalisateur et metteur en scène belge. Il impressionne grandement à l'époque, en créant un show à grand déploiement qualifié de grandiose. Gilbert lui confie alors l'élaboration d'un gala pour l'édition 1994 de JPR.

Ce gala du lundi 25 juillet, qui clôture la saison, est lourdement médiatisé à coups de pleines pages, et présenté comme l'événement à ne pas manquer. En effet, ce fut un événement.

La soirée a pour titre *L'homme qui ne rit pas.* Cet homme est monsieur De Hollogne qui, déguisé en Pierrot la Lune, commence le show en chantant une chanson triste au piano. Le concept, qu'il avait jusque-là gardé secret, était qu'il demeure triste et chante de la sorte tout au long de la soirée, alors que des comiques tentent de le faire rire.

Après une troupe de marionnettistes qui inspire instantanément la haine dans le St-Denis, se pointe Jango Edwards, un clown kamikaze américain complètement fou furieux. Il entre vêtu d'un g-string à l'effigie du drapeau américain, plonge dans un verre d'eau, écrase des bananes entre ses fesses, danse comme une ballerine sur l'air du *Lac des Cygnes,* enroule un condom sur un verre contenant des Alka-Seltzer afin que les bulles de gaz le fassent se gonfler, et autres fantaisies du genre. Ça ne passe pas. Mais pas du tout. Les gens se mettent à huer après à peine une dizaine de minutes de gala, plusieurs sortent de la salle, et cela ne n'arrêtera pas, jusqu'à en devenir dangereux, alors que l'agressivité collective en amène certains à aller frapper dans les vitres de la billetterie du théâtre pour protester.

Au retour de l'entracte, plus de 60 % des spectateurs ont déjà quitté. Marie-Lise Pilote, la seule Québécoise invitée à participer au spectacle, est accueillie en sauveur et reçoit une ovation debout par le peu de braves encore présents, et ce, avant même d'avoir dit un seul mot. Ses premières paroles furent : « Je me demande vraiment ce que je fais ici ce soir... »

Malgré le succès de son numéro, l'ambiance d'abattoir s'aggravera jusqu'à ce que la direction, voyant que le tout a le potentiel d'une émeute et avant que Pierrot se fasse pendre accroché à sa lune, prenne la décision de stopper la soirée. On annoncera officiellement : « Nous sommes désolés. On s'est trompés, le show arrête maintenant, vous serez tous remboursés. » Ce fut le cas, avec toute la logistique que cela impose. Pire encore, une version télé du gala avait déjà été vendue à la télé française. J'imagine que, tout comme le font ici nos stations de télé lorsqu'elles sont prises de court, les chaînes françaises ont diffusé une reprise des Pierrafeu.

François Morency
« J'veux pas passer après ça ! »

Un élément très important pour assurer la réussite d'un one-man-show et encore plus d'un gala est l'ordre des numéros ; c'est ce qu'on appelle le « pacing ». Certains numéros passent de gros succès avec ovation debout à flop total, simplement parce qu'ils ont été placés au mauvais endroit dans la soirée. Il est par exemple très difficile pour un stand-up comic seul avec son micro de passer après un numéro musical à grand déploiement. Il est risqué pour une jeune recrue fragile de suivre un vétéran solide et adoré du public. Et il est stupide de penser qu'un Français avec de l'humour à contenu puisse faire oublier deux gars qui jouent avec leur pénis.

C'est pourtant ce qui s'est déroulé à l'été 2001, alors que la sensation du Festival JPR, le duo Puppetry of the Penis, venait faire une prestation durant mon gala. Ces deux Australiens, qui dix ans plus tard font encore le tour du monde avec leur spectacle, amusent les foules avec un show uniquement constitué de sculptures génitales. Pour résumer leur art : ils sont nus et transforment leurs attributs sexuels comme un clown le fait avec des ballounes. C'est ainsi que leur engin du plaisir devient la tour Eiffel, un chien, un bateau à voiles, John F. Kennedy. En les présentant, j'avais dit au public du St-Denis : « Pour les gens au balcon, je vous suggère les écrans sur les côtés, et pour ceux de la première rangée, je vous suggère un sac à vomi. »

On se doutait bien de la réaction qu'un numéro semblable pourrait susciter dans la foule. Mais où le placer dans le gala, ça, c'était moins clair. On a rapidement décidé que ce n'était pas une bonne idée de débuter avec eux ; mettons qu'un dix minutes de « On s'étire la graine » donnerait un ton plus ou moins glorieux à la soirée. Il était tout aussi évident que conclure avec cette performance et ainsi laisser 2 300 personnes quitter la salle avec en tête des images de deux testicules qui interprètent Dupond et Dupont n'était pas la meilleure chose pour l'image de marque du Festival. Dans ce cas-ci, savoir qui passe avant n'est pas important. La vraie question est : qui va passer après ? Ou, plus clairement : qui VEUT passer après ça ? Et là débute le festival du « Pas moi ! ».

Normalement, dans un gala, le metteur en scène décide seul de l'ordre des numéros. Certains animateurs de gala qui aiment avoir leur mot à dire sur tout, comme moi mettons, vont donner leur opinion. Dans le cas où un invité n'est pas du tout à l'aise avec sa place, on en discute. Plusieurs humoristes ont peur de passer en premier, car c'est plus difficile de faire réagir la foule. D'autres ne veulent pas être les derniers, car souvent les galas sont trop longs. Certains par contre peuvent être séduits par un quelconque prestige relié au fait de fermer le show. C'est comme si on disait : on garde le meilleur pour la fin, personne ne peut accoter ce gars-là. Il y a un peu de vrai dans tout cela, mais en bout de ligne, quand c'est bon, c'est bon, peu importe à quel moment du spectacle.

Comme disent les anglophones : « *Funny is funny.* » Personnellement, pour être passé en premier et en dernier, si je dois choisir entre les deux, je vais sans hésitation choisir d'être le premier. Le public est frais et dispos ; si l'animateur est bon et sait ce qu'il fait, il saura le réchauffer adéquatement. Le premier invité a aussi la certitude que les sujets qu'il aborde n'auront pas été traités quatre fois auparavant. Après sa performance, il peut profiter du spectacle en relaxant plutôt que de stresser et de faire les cent pas en attendant son tour pendant deux heures et demie.

Une théorie qui a bien du sens dit que l'ordre doit suivre la ligne tête-cœur-ceinture. On débute avec des numéros qui font appel à la logique et au côté cérébral des gens, ensuite on y va avec ceux qui sont plus émotifs et qui touchent les sentiments, pour finalement terminer avec l'humour plus gras ou en bas de la ceinture. Ce qui nous ramène à notre duo des deux Transformers de scrotum. Juste pour rire avait déjà prévu de terminer le gala, comme c'est souvent le cas, avec un numéro musical, qui dans ce cas-ci mettait en vedette Claude Dubois et une chorale de 200 personnes. Pour bien servir tout le monde, on devait absolument placer, c'est le cas de le dire, un « tampon » entre les compagnons de la chanson et les compagnons de la bizoune. L'humoriste français Dieudonné, déjà à l'époque une vedette appréciée du public de JPR, est rapidement devenu le candidat parfait, et ce, pour deux raisons. Premièrement, il était déjà un humoriste d'expérience ; il fallait absolument que ce lien soit fait par un solide vétéran. Et deuxièmement, puisqu'il était en spectacle ailleurs en ville pendant le gala, il n'arriverait au St-Denis qu'aux environs de 22 h, heure parfaite pour entrer sur scène sans avoir le temps de se rendre compte de ce qui se passe et de faire une crise. À son arrivée, nous l'avons informé qu'il allait suivre le numéro des kangourous shaftés. Heureusement pour tout le monde, il a été amusé par l'idée, et en bon pro il a pris le 15 minutes qu'il lui restait pour prévoir quelques ajustements.

Tel que prévu, la poterie de verges australiennes a semé l'hystérie dans la salle. Lorsqu'un numéro a un impact semblable sur le public, que ce soit un impact positif ou négatif, l'animateur se doit ensuite d'aller faire du temps sur la scène. C'est-à-dire qu'il doit ramener le public à une certaine neutralité, lui faire oublier un peu l'énergie de l'humoriste précédent afin de donner la chance au prochain d'installer la sienne. Dans ce cas-ci, changer d'univers était très difficile. L'électricité était à un niveau tellement élevé! Mon passé d'improvisateur n'étant jamais très loin, j'ai fait environ six minutes de jokes sur ce qui venait de se dérouler. Pendant ce temps, j'avais un projecteur sur moi, mais le reste de l'espace scénique était dans un noir total, puisque Dieudonné commençait son numéro déjà sur scène, assis sur un sofa qu'on installait pendant que je blaguais en imaginant comment des Noirs ou des filles auraient fait le même numéro que nos deux gigolos. J'essayais de me ramener vers le droit chemin, mais j'entendais Dieudonné, assis dans le noir, qui se bidonnait en disant: «C'est drôle, continue.»

De toute façon, même si je tentais de sortir de la thématique génitale, les spectateurs ne me le permettaient pas. En employant le ton officiel du présentateur de gala, j'ai tenté de dire: «Notre prochain invité est un ex-membre du duo Élie et Dieudonné.» La foule a éclaté de rire au mot «membre». J'étais devant une classe de 5e année, le 23 décembre à 15 h; rien de sérieux ne pouvait plus entrer dans leurs têtes.

J'ai dû les supplier: «S'il vous plaît. On pense à autre chose et on accueille: Dieudonné!»

Le pauvre a bien tenté de faire son numéro tel qu'il était écrit, mais l'esprit de la foule était maintenant à un endroit d'où il est presque impossible de revenir. Même Claude Dubois et ses 200 choristes n'ont pas réussi à capter toute leur attention. Je sens que même vous, en tant que lecteur, avez présentement de la difficulté à ne pas imaginer deux hommes nus qui miment un film de cape et d'épée. C'est pour cette raison que je m'arrête ici.

Andy Nulman
Alerte à Montréal

Être producteur et metteur en scène des galas anglophones de JPR a donné l'occasion à Andy de rencontrer et de travailler avec les plus grands noms du showbiz.

Steve Martin : Un top professionnel qui approche un gala JPR avec le même sérieux que celui des Oscars. Archipréparé, il insiste aussi pour avoir avec lui en coulisses deux scripteurs avec télés et ordinateurs pendant l'événement, afin d'ajuster chacune de ses présentations en fonction des réactions.

Steve Allen : Un maniaque du détail qui ne laisse rien au hasard. Dans son contrat, la section qui précise qu'il doit avoir des fruits et du jus dans sa chambre d'hôtel a presque trois pages ; toutes les qualités du jus fraîchement pressé qu'il recherche y sont décrites.

Graham Chapman : Dans sa bulle, l'ex-membre du légendaire groupe Monty Python termine son numéro de gala en lançant des poissons morts dans le St-Denis, ce qui entraîne une grande quantité de plaintes et de factures de nettoyage.

Jerry Lewis : La star fait une énorme crise, car la voiture (avec chauffeur) qui est à sa disposition pour son séjour à Montréal est une Lincoln et non pas une limousine.

William Shatner : Drôle, agréable et complètement sauté.

Bill Maher : Préparé et brillant, mais désintéressé de ses invités. Après avoir présenté quelqu'un, il va dans sa loge, on cogne à sa porte lorsqu'il reste environ une minute au numéro, il revient sur scène et fait quelques blagues, présente l'invité suivant, retourne dans sa loge, etc.

Pamela Anderson : La pire (insérez ici l'insulte de votre choix) qu'Andy a rencontrée. Je connais Andy depuis longtemps, et c'est un homme charmant qui jamais ne dévoilerait des informations personnelles pouvant faire du mal aux artistes qu'il fréquente, ni même à qui que ce soit. Notre dîner-rencontre pour ce livre a été franchement divertissant, et c'est toujours avec un grand sourire d'affection qu'il m'a raconté ses anecdotes heureuses ou malheureuses ; sauf celle concernant Pamela Anderson. Je crois qu'il a crochi 14 fourchettes en me parlant d'elle. La pin-up de Malibu s'est avérée sa plus mauvaise expérience professionnelle à vie.

Trouver des animateurs de gala pour Just For Laughs n'est pas si simple que cela. Certaines grandes vedettes internationales ont peur du direct. D'autres sont tout simplement trop gourmandes. D'autres encore ne sont pas disponibles, ou juste pas intéressées. De plus, il faut s'assurer d'offrir de la variété, avec des animateurs ayant des styles différents les uns des autres. C'est donc dans l'espoir de créer un événement que le nom de Pamela Anderson a été amené pour l'animation d'un gala de l'édition 2010 de JFL. Lors de son premier contact avec les agents qui la représentent, Andy s'est assuré de demander : « Est-elle prête à jouer le jeu ? À faire de l'autodérision ? » Absolument, ont-ils répondu. Mais pendant les semaines, même les mois qui ont suivi ce premier appel, il fut impossible de lui parler ou d'obtenir son accord sur les idées qu'une équipe de scripteurs engagés spécialement pour la conception de son gala avaient à lui suggérer. Deux semaines avant l'événement, rien n'était fait ; c'était du jamais vu, et ça annonçait une catastrophe aussi sûrement qu'un gars qui jongle avec des bouteilles de ketchup ouvertes dans une usine de tapis blanc.

On réussit finalement à lui proposer un numéro d'ouverture qui aurait été un hit majeur : le *strip comedy*. L'idée était d'annoncer au public qu'elle raconterait des blagues et qu'elle enlèverait un morceau de vêtement à chaque mauvaise joke. Ses premières blagues seraient des bombes archi-efficaces, mais les suivantes seraient volontairement mauvaises, pour que le public se rende compte peu à peu qu'elles avaient été écrites par des scripteurs en manque de sexe, assistés de la direction du Festival et de toute une série de personnalités qui avoueraient n'avoir qu'un seul désir : la voir nue. C'est alors qu'on aurait vu défiler sur scène Gilbert Rozon, le maire Gérald Tremblay, la vedette des Alouettes de Montréal Anthony Calvillo. Un succès assuré. Mais madame Pam refuse, prétextant qu'elle n'est pas une stripteaseuse. On lui explique que, dans les faits, elle restera habillée, mais l'info ne se rend pas jusqu'à son cerveau.

Elle décide finalement de faire un numéro de danse réalisé à l'émission *Dancing With the Stars,* au début duquel elle descend du plafond. Pour une telle arrivée des cieux, le gros bon sens (ainsi que les règlements de la CSST) obligent l'artiste à être attaché avec un harnais, chose qu'elle refuse. En fait, voici une courte liste des désagréments que la femme aux gros poumons a causés pendant les quelques jours de sa présence au Festival :

Pour assurer ses différents transports à Montréal, elle exigeait un véhicule utilitaire sport (VUS) de luxe, mais avec des sièges qui ne sont pas en cuir ; parce qu'elle veut protéger les animaux qu'on utilise pour faire le cuir (mais avoir un VUS polluant, par contre, n'est pas un problème).

En guise de script-éditeur pour son gala, elle impose à JFL d'engager à ses frais le vice-président de l'organisme PETA (une association de défense des animaux), qui ne connaît absolument rien à l'humour.

Elle refuse de nommer les invités à la fin de leurs numéros, et c'est donc un annonceur maison qui fait les dé-présentations de tous les humoristes, tandis qu'elle est debout à ses côtés.

Pour le salut final, Miss Toute-en-Boules décide de revenir sur scène dans un costume de bébé phoque qui lui couvre le visage, ce qui fait que personne ne sait que c'est elle, mais que tout le monde se demande comment un bébé phoque peut avoir de si gros seins.

Le gala ne lève pas, des huées se font entendre à quelques reprises dans la salle, et même le normalement très jovial Andy commence à considérer une carrière de tueur en série. À la fin de la soirée, lorsqu'un représentant de la blondine riche en nichons demande à Andy : « Voulez-vous une photo avec Pamela ? », il répond : « J'aimerais mieux avoir une photo avec Hitler !!! » Précisons ici qu'Andy est juif. Le sarcasme de sa remarque aurait fonctionné sans cette information, mais disons que ça ajoute du poids au niveau d'exaspération qu'il avait atteint.

Le lendemain du gala, le journal *The Gazette* avait titré : « Gala Anderson : le pire des désastres ». Et en faisant référence à l'idée de terminer le gala déguisée en bébé phoque, on indiquait : « On comprend maintenant un peu mieux les chasseurs. »

Josée Fortier
Les bizarres

Pour les galas Juste pour rire que Josée mettait en scène avec Normand Brathwaite, il y avait chaque année une recherche active de numéros bizarres et insolites. On souhaitait créer des moments d'ambiance en dehors du conventionnel, et même déstabiliser les spectateurs en leur présentant ce que Normand a souvent appelé « les numéros que les autres animateurs ne veulent pas avoir dans leur gala ». Étant un de ces autres animateurs, je confirme qu'il avait raison.

Certaines de ces performances à l'humour paradoxal ont parfois franchi la limite du curieux pour sauter à pieds joints dans le « Qu'essé ça, sacrament ?! », laissant même ceux qui les avaient choisies perplexes et confus.

Il y a eu ce magicien allemand de 85 ans qui entre avec une cape et qui, pendant 12 minutes, sort de ses poches de petits morceaux de tissu qui deviennent des tables. Il avait pour l'occasion appris une seule phrase en français : « Et voici une petite table. Et une autre petite table… » Ou encore un marionnettiste japonais en costume traditionnel, grande vedette dans son pays, qui s'était déplacé avec une délégation de médias et de dignitaires venus le voir triompher à Montréal. C'est plutôt un échec dont ils furent témoins. Gilbert Rozon s'en souvient très bien, puisqu'il accompagnait le fan club japonais pendant que leur enfant chéri manipulait ses GI Joe devant une indifférence généralisée.

Mais le meilleur souvenir de Josée implique un équilibriste français qui avait une attitude de diva. Au lieu du 15 minutes prévu à l'horaire pour sa répétition, il a monopolisé toute l'attention pendant plus de 70 minutes, durant lesquelles Josée et l'équipe technique se firent traiter de tous les noms ayant un vague rapport avec les mots « incompétent » et « de merde ». En grugeant le temps d'installation de l'ensemble du gala, le saltimbanque à l'humeur de truck ne s'est pas fait d'amis, et son karma en a souffert lors du spectacle.

L'entrée sur scène de l'acide funambule se faisait par la salle. Une fois présenté, il partait du fond et courait à toute vitesse dans l'allée, jusqu'aux abords de la scène, où il mettait le pied sur une petite boîte en bois pour se donner l'élan nécessaire afin de sauter acrobatiquement sur les planches du St-Denis. Tadam !!!

Pour une raison officiellement inconnue, la petite boîte avait été légèrement déplacée, ce qui a fait en sorte qu'il a terminé son saut non pas avec les pieds sur les planches, mais plutôt avec les testicules sur le rebord de la scène. Tadam !!!

Malgré le désagrément causé par son « face-à-face / couilles-à-*stage* », le cascadeur grincheux, qui avait maintenant deux bonnes raisons d'être irrité, exécute son numéro avec brio. Josée confirme qu'à sa sortie de scène sa crise fut rien de moins que spectaculaire. Une rumeur veut qu'un ou des techniciens, qui n'auraient pas apprécié se faire traiter de trouducs pendant plus d'une heure en après-midi, auraient volontairement déplacé la fameuse petite boîte. Il se pourrait aussi, bien entendu, que ce soit simplement un spectateur qui l'ait par accident accrochée. Mais sachez qu'il ne faut jamais se mettre une équipe technique à dos. Car un micro qui ne s'allume pas au bon moment, un éclairage qui ferme trop tôt ou un coup de scène entre les jambes n'est jamais très agréable. (J'aimerais ici prendre un moment afin de saluer, avec tendresse, ma merveilleuse équipe technique sans qui la vie ne vaut pas la peine d'être vécue. Avez-vous reçu mon gâteau aux fruits?)

Mario Jean
C'est quoi son nom?

Il y a en Europe une mode aux humoristes dont le nom ne contient qu'un seul mot. Dieudonné et Coluche sont les plus connus ici, mais il y a aussi Popeck, Booder, Ben, Chraz, Mamane, Doud, Dédo, Smaïn, Sim, Tchee et Titoff. Il ne manque que Prout, Pouf, Atchoum et Cric Crac Croc afin d'avoir tous les bruits qu'on peut entendre provenant du corps humain.

Au gala Juste pour rire qu'il anime en 2004, Mario en reçoit un qui a pour nom Babass. C'est une première présence pour lui au Festival.

Mario est sur scène, termine un numéro et doit enchaîner en présentant Babass, mais il a un trou de mémoire total sur le nom du prochain invité. Il se souvient que ce n'est qu'un seul mot, mais lequel? Au lieu de s'arrêter afin de demander de l'aide en coulisses, comme il avoue aujourd'hui qu'il aurait dû le faire, il continue sur son élan et dit: «Mesdames messieurs, voici… Fourgonnette!» (Personnellement j'aurais opté pour Marmelade ou Biscotte, mais chacun son choix.)

Babass entre comme si tout allait bien et fait son numéro sans jamais mentionner quoi que ce soit sur l'erreur commise. Pendant ce temps, en coulisses, Mario se fait dire par toute l'équipe qu'il faudrait réparer la bévue. «Mais comment? Si, en retournant, je dis que c'était Babass, les gens ne comprendront rien, alors il faudra que j'explique toute l'histoire et ce sera encore pire, car ça va créer un malaise dans le gala!» La discussion se poursuit sur la bonne chose à faire, mais pendant ce temps Babass termine son numéro. Alors, Mario revient sur scène et dit: «C'était Fourgonnette, mesdames messieurs!! Fourgonnette!!» Personne de l'entourage de Babass n'est venu voir Mario après pour se plaindre de quoi que ce soit, et il n'est jamais revenu à JPR. Fourgonnette non plus.

Dans le même genre, j'ai moi aussi fait une erreur en tant qu'animateur à JPR, pas avec le nom d'une personne, mais plutôt avec celui d'un pays. Je présentais une jeune humoriste dont on m'avait dit qu'elle était Française, donc je dis : « De la France, voici Unetelle ! » (J'ai depuis oublié son nom ; alors, en l'honneur de Mario, appelons-la Minivan.) Minivan fait son numéro. Je retourne ensuite sur scène pour la dé-présenter : « C'était Minivan ! »

Elle revient à son tour sur scène et dit au micro :

« Pardon, François. Vous avez dit que j'étais Française, mais je suis Belge. »

Et moi de rétorquer :

« Je le sais, mais je trouvais moins gênant pour vous de dire que vous êtes Française. »

Elle non plus n'est jamais revenue au Festival.

Andy Nulman
L'homme à l'anus d'or

Un soir de gala, en 1994, arrive sur scène un Britannique maigre comme un clou, dans un costume vert de superhéros avec masque, cape et un gros « M » sur la poitrine. « M » pour Monsieur Méthane. Oui, le méthane, ce gaz issu de matières animales ou végétales que chaque être humain dégage à l'occasion, idéalement en privé, ou en groupe lors de parties de chasse qui dégénèrent. Quant à lui, Monsieur Méthane, alias le pétomane, de son vrai nom Paul Oldfield, monte sur scène pour divertir les foules avec son orifice sonore. Pour parler plus simplement, il fait des chansons avec ses pets. Il s'installe sur une table, s'envoie les jambes vers l'arrière, se colle un micro au fessier et accompagne une trame sonore de musique classique avec ses flatulences. Oui, mes amis, un duo violon-rectum. Toutes les personnes présentes au St-Denis, humoristes inclus, sont figées de stupéfaction. Il y a eu quelques rires dans la salle au début, mais rapidement un malaise généralisé s'est installé.

Ce qu'à peu près personne ne sait, c'est que cette performance, déjà dérangeante, a failli devenir un véritable incident diplomatique majeur. En 1994, Ben Mulroney, le fils de Brian Mulroney qui fut premier ministre du Canada de 1984 à 1993, travaillait dans les bureaux de JPR. Il avait invité ses parents, Brian et Mila, à assister au gala anglophone du Festival, animé par deux grandes vedettes de la télé américaine de l'époque: Kelsey Grammer et Brett Butler. Ce gala était diffusé en direct sur la chaîne américaine Showtime. Et qui en était un des invités? Monsieur Méthane.

À chacune de ses performances aux États-Unis, Monsieur Méthane terminait toujours son tour de chant d'anus par son classique: il faisait entrer sur scène un gâteau de fête ayant la forme du visage de l'ex-président américain George Washington, et il en éteignait les chandelles en pétant dessus. Pourquoi? Je ne sais pas. Quand tu dis «finir en force»!

Désirant adapter son numéro à la réalité canadienne, il demande un gâteau à l'effigie d'un ex-premier ministre canadien. Quelqu'un à JPR a donc fait faire un gâteau en forme de face de Brian Mulroney, sans savoir évidemment que le vrai serait dans la salle pour le spectacle. La seule raison pour laquelle la catastrophe a été évitée, la seule raison pour laquelle Brian Mulroney n'a pas vu un clown lui péter sur le menton en gâteau, est Andy Nulman. Lorsque, pendant la répétition d'après-midi, Andy a vu le gâteau et compris le scénario qui se dessinait, il a expliqué à l'équipe du Capitaine Flatulence que monsieur Mulroney serait présent au spectacle, et qu'il était HORS DE QUESTION de faire cela. L'équipe a argumenté que ce serait encore plus drôle. Et Andy de dire: «Êtes-vous malades?!!! Il est mon invité! Il va penser qu'on fait ça pour l'humilier volontairement dans sa face (c'est le cas de le dire), et les États-Unis au grand complet vont voir un

Britannique chier sur la face du gars qui était premier ministre il y a à peine six mois !! »

Puisque l'équipe insistait en argumentant que le gâteau était déjà fait, Andy a donné un solide coup de poing dedans, l'a détruit complètement et a dit : « Maintenant vous n'avez plus de gâteau, trouvez une autre fin pour votre sketch ! »

Dans la salle ce soir-là, outre monsieur Mulroney, se trouvait l'actrice américaine Bea Arthur, légende de la comédie et vedette de la série *The Golden Girls*. À la fin du gala, suprêmement offensée par ce qu'elle vient de voir, d'entendre et presque de sentir, elle se précipite en coulisses à la recherche des responsables de cet odieux moment de basse comédie. Les poings dans les airs, elle arpente les corridors en criant : « Qui est Andy Nulman ?? Montrez-moi Andy Nulman !! » Sans le reconnaître, elle croise Andy et lui demande : « Où est Andy Nulman, le crétin en charge de ce gâchis ? » Et Andy de répondre : « Je crois qu'il a quitté. »

Pendant ce temps, à la tente VIP, Monsieur Méthane prenait une bière seul au bar. Personne n'osait l'approcher dans un périmètre de 10 pieds.

Pour ceux que ça intéresse, il fait encore le tour du monde avec sa symphonie du gaz. Il a scandalisé les juges et le public de l'émission *Britain's Got Talent* en 2009.

Martin Cloutier
« Fais ça, ça va être drôle ! »

Pour leur premier numéro de gala au Festival Juste pour rire, Dominic et Martin présentent celui du squeegee. Dominic joue le laveur de vitres insistant qui achale Martin. Outre les caméras qui sont dans la salle, les coulisses du St-Denis grouillent toujours d'activité pendant les galas. Les comiques y sont captés avant et après leur numéro, que ce soit pour des commentaires spontanés, des improvisations qui dérapent ou pour certaines cascades semi-planifiées.

En 1998, c'est l'ex-Bleu Poudre Jacques Chevalier Longueuil qui fait le pitre dans les loges avec sa caméra. Il réussit à convaincre Dominic et Martin d'aller sur la scène pendant l'entracte avec un porte-voix, de demander à l'ex-premier ministre Pierre-Marc Johnson de venir à l'avant, pour ensuite l'arroser avec un fusil à l'eau ; le tout évidemment capté par son kodak. L'idée leur semble moyenne, mais ils acceptent. Naïvement. C'est JPR, après tout ! Ils arrivent donc sur scène en plein milieu de l'entracte et demandent à monsieur Johnson de s'approcher. Ce dernier, bon joueur et grand ami du Festival depuis toujours, vient à l'avant. Les gars sortent le fusil à l'eau et l'arrosent en plein visage. Monsieur Johnson attrape le bras tenant le fusil, tente de s'esquiver, les gars insistent, il leur jette un regard mélangeant classe, agressivité, exaspération et élégance, comme seul un politicien peut le faire, cela tout en protégeant son tuxedo. Les spectateurs présents ne comprennent pas trop, ceux qui comprennent trouvent la blague ordinaire, et finalement tout s'arrête, car certains gardiens de sécurité s'apprêtent à intervenir avec force.

Voici donc les leçons du jour pour notre duo : sortir un fusil, même si c'est un jouet, devant un ex-premier ministre n'est pas la meilleure des idées. Quand ce dernier tente de vous maîtriser et se débat, on n'insiste pas. Mais surtout, quand on nous propose une idée ordinaire qui fera de nous le seul grand perdant advenant son échec, on refuse.

Et si la personne insiste, alors on l'arrose avec un fusil à l'eau.

Andy Nulman
Jerry et les drôles de dames

C'est en 1986 que le légendaire roi de la grimace américain Jerry Lewis se produit à JPR pour la première fois. Tel qu'il le raconte dans son livre *I Almost Killed George Burns,* Andy Nulman a eu quelques problèmes avec monsieur Lewis. Son spectacle avec orchestre de 20 musiciens présenté à la Place-des-Arts est reçu plutôt froidement. Ce show au style « Las Vegas des années 1960 » détonne dans un festival où l'humour alternatif et moderne prend toute la place ; la journaliste Lucinda Chodan du journal *The Gazette* qualifie même l'événement de « dépassé » et « d'une autre époque ».

Quelques jours plus tard, JPR, en collaboration avec l'Association de la dystrophie musculaire, organise une conférence de presse à l'Hôtel du Parc afin de souligner les nombreuses années d'engagement de Lewis envers la cause. Alors que tout se déroule très bien et que Lewis charme les membres de la presse avec ses anecdotes, une journaliste lui demande, en faisant référence à l'article de Chodan, si les critiques négatives l'affectent encore après tant d'années dans le showbiz. Après un début de réponse plutôt polie, Lewis affiche plus clairement ses couleurs en disant : « On ne peut accepter l'opinion d'une seule personne, surtout si c'est une femme. J'espère que ce n'est pas le cas de madame Chodan, mais quand elles ont leurs règles, c'est très difficile pour elles de fonctionner comme un être humain normal. »

Traduction : Pourriez-vous me donner un coup de pelle dans le visage ?

Quelques secondes de silence ont suivi, afin que tout le monde puisse ramasser sa mâchoire tombée par terre. Ensuite, une autre journaliste, voulant défendre sa collègue, demande : « Monsieur Lewis, doit-on comprendre que vous avez quelque chose contre les femmes ? » Jerry sourit et répond : « Non, ma chérie, mon appétit sexuel est trop grand pour ça. »

Traduction : Pourriez-vous rajouter un coup de scie à chaîne ?

Wwwwwoups. À cette époque où Internet n'existe pas encore, sa déclaration fait tout de même rapidement le tour de l'Amérique du Nord. Des plaintes arrivent de partout et une gestion de crise s'amorce, au terme de laquelle Lewis s'en tire plutôt bien malgré tout. Mais son jupon dépasse encore une fois en 2000, cette fois au

Festival de comédie d'Aspen au Colorado, où Andy est aussi invité. Au terme d'une autre rencontre de presse, où encore une fois Lewis captive la foule, on lui demande : « Que pensez-vous des femmes en humour ? » Voici sa réponse : « Je les trouve ennuyantes. Voir une femme qui fait de l'humour ne m'offense pas, mais ça ne marche pas. Je vois les femmes comme des machines qui amènent des bébés sur la Terre. »

Re-wwwwwoups. On comprend pourquoi Dean Martin buvait autant.

Finalement, madame Chodan avait vraiment raison : dépassé, et d'une autre époque.

Josée Fortier
Casser du sucre

À la télé et au cinéma, on a souvent vu des personnages se faire fracasser des bouteilles sur la tête. Que ce soit le shérif qui s'en prend à un brigand au saloon avec un 40 onces de whisky, ou encore Francis Reddy qui assomme Boucar Diouf à l'aide d'une bouteille d'huile d'olive extravierge après un mauvais jeu de mots à *Des kiwis et des hommes,* l'effet est toujours saisissant de réalité. Ces fausses bouteilles en sucre, qui sont à la fois fragiles et dispendieuses, doivent être manipulées avec soin pour éviter de créer de véritables dommages sur le crâne de la victime. Il faut d'abord s'assurer de frapper avec le milieu de la bouteille, et non avec le fond qui est beaucoup plus dur. Aussi, il faut savoir que plus la bouteille est froide, plus elle se cassera facilement.

Lors d'un gala JPR, Normand Brathwaite incarne un Teletubby qui fait un combat de lutte décrit par l'ex-lutteur Raymond Rougeau. Complètement déchaîné, le Teletubby sort du ring à la fin du combat et brise une fausse bouteille de Jack Daniels sur le front de Raymond, qui mime de s'évanouir. Raymond n'aura pas eu à puiser bien loin dans ses talents d'acteur, puisque la bouteille, sortie trop tôt, réchauffée par les lumières de scène et l'atteignant dans le mauvais angle, lui fend l'arcade sourcilière. En bon soldat, il termine le numéro et, titubant, prend ses applaudissements le front en sang, plus amoché après un sketch avec une marionnette qu'après un 20 minutes contre Abdullah The Butcher.

Andy Nulman
C'est gratuit pour tout le monde

Steve Allen a été le premier animateur du *Tonight Show,* le talk-show le plus écouté aux États-Unis, qui fut ensuite rendu célèbre par Johnny Carson et est aujourd'hui animé par Jay Leno. La veille du gala que pilotait Allen en juillet 1988, JPR avait organisé un party à l'Hôtel Delta qui avait suscité un certain mécontentement, puisque les invités, des artistes et producteurs œuvrant au Festival, avaient dû sortir leur carte de crédit à la fin de cette soirée qui devait normalement être sur le bras du bonhomme vert.

Afin de corriger le tir, Andy et Gilbert Rozon ont décidé de ramasser la facture pour un autre party qui se déroulait cette fois juste après le gala de monsieur Allen. Voulant informer tous les artistes qu'ils auraient le traitement VIP après le gala, juste avant l'entracte on distribue dans chacune des loges une feuille avec les informations relatives à la fiesta promise. Allen revient sur scène en deuxième partie et dit au public : «On vient de me remettre une note que je vais vous lire : "Rendez-vous tous au club Jodees après le show pour un party. Vous êtes tous bienvenus, et la nourriture est gratuite !"»

Évidemment, les 2 300 spectateurs applaudissent, sifflent et se préparent déjà pour une orgie romaine gratuite. En coulisses, Andy, qui soudainement a un début d'incontinence, attend qu'Allen sorte de scène pour lui parler :

« M. Allen, je crois qu'il y a un malentendu. Cette invitation n'est valide que pour les artistes et le personnel de JPR.

– Vous auriez dû le spécifier sur la feuille, ce n'était pas clair !

– Vous avez invité 2 300 personnes à se rendre dans un club qui peut en contenir 200 ; il va y avoir une émeute !

– Ce n'est pas de ma faute ! Que voulez-vous que je fasse ?

– À votre prochaine intervention sur scène, vous devrez leur dire que c'était une erreur et qu'ils ne sont pas invités.

– Il n'en est pas question. Présentement, la foule est hot ! Si je leur dis cela, ça va tuer le show. Et en plus, ils m'en voudront personnellement, je ne pourrai plus acheter un rire pour le reste de la soirée.

– Non. Les gens vont comprendre, de plus vous êtes une légende, tout sera ok. »

Après quelques minutes d'échange animé, Allen retourne sur scène et informe la foule du St-Denis que, finalement, ils devront aller fêter ailleurs et à leurs frais.

Il avait raison : il se fait huer, fort, et le reste de la soirée est difficile pour lui.

Andy aurait bien voulu s'excuser une fois au party, mais il a dû passer la soirée à la porte, à refuser des gens qui se sont tout de même présentés en disant : « Steve Allen m'a invité ! »

Maxim Martin
Derrière la couille

Dans les années 1999-2000, il était presque gênant d'être un humoriste au Québec à cause de « l'affaire Daniel Pinard ». Ce dernier, en entrevue aux *Francs-tireurs,* avait très émotivement dénoncé les « jokes de tapettes » de l'émission *Piment fort,* avec comme résultat que tous se sont mis à se pointer du doigt. Certaines personnalités ont effectué des sorties publiques et dénigraient la forme, le fond et presque l'existence de tous les humoristes sans faire aucune nuance ; on tenait des éditoriaux et de faux débats sur la place que devait ou ne devait pas avoir un art populaire. Tout cela a poussé certains comiques à se faire plus discrets.

Peu inspiré et blasé par toute cette constipation intellectuelle, Maxim n'avait pas l'intention de faire de numéro à l'édition 2000 du Festival Juste pour rire. Mais à deux semaines de l'événement, l'idée lui est venue de dénoncer la controverse autour du phénomène de la vulgarité en se sortant un testicule sur la scène pendant son numéro. Pourquoi pas? Le principe était de comparer une conception généralisée de la vulgarité (se montrer une couille) avec une plus discrète et insidieuse, mais de loin pire, selon lui, c'est-à-dire en rapportant les agissements des médias dans certains dossiers, comme le fait que les parents du chanteur André «Dédé» Fortin auraient appris la mort de leur fils par la télé et non par la voie officielle et plus respectueuse du processus judiciaire normal. Maxim défiait les journalistes et le public présents au St-Denis ce soir-là, prédisant que, malgré un numéro de stand-up de 10 minutes propre et articulé, ils n'allaient retenir que les 15 secondes d'exposition de son amourette. Ce qui fut le cas. Sa prédiction s'est avérée exacte, les médias et une bonne partie du public n'ont retenu que cela, et il en a chèrement payé le prix pendant quelques années.

Afin de créer l'effet de surprise recherché, ce numéro a été conçu dans le secret le plus total; outre Maxim, uniquement Josée Fortier, metteure en scène, et Jacques Chevalier, directeur de la programmation des galas, étaient complices. Garder le tout confidentiel impliquait qu'il était impossible de roder l'efficacité du sketch devant public, ne serait-ce qu'une seule fois, question de vérifier si ladite gosse avait le charisme nécessaire pour captiver une foule de 2 300 personnes, elle qui jusque-là n'avait offert que des performances très intimes.

Maxim s'est donc pointé au St-Denis dans un état de nervosité jusque-là inconnu pour lui. Les journées de gala Juste pour rire sont longues et mouvementées, car tout doit être placé rapidement pour la mise en scène et pour la télévision. L'animateur et tous les comiques vont donc défiler les uns après les autres pour répéter leurs numéros respectifs, parfois dans un certain chaos. C'était particulièrement vrai ce jour-là, puisque le gala était animé par Normand Brathwaite, lui qui a habitué le public du Festival à des numéros d'ouverture à grand déploiement avec figurants, danseurs et costumes à plumes.

Comme tous les autres qui pratiquent le stand-up pur, Maxim souhaitait une répétition aussi courte que possible, ne faisant que son entrée et sa sortie de scène. Faire ses blagues, même lorsqu'elles sont bien rodées, en plein après-midi devant une salle contenant uniquement une équipe technique n'est pas très plaisant et peut affecter le moral, à un moment où toutes les énergies positives doivent être en place avant la vraie performance du soir. Mais dans le cas présent, il fallait faire un test pour la télé, avec la couille en dehors des pantalons, car on se demandait comment elle allait sortir à l'écran. Fallait-il faire un gros plan ou un super gros plan ? Fallait-il la maquiller ? La coiffer ? Se pliant aux exigences techniques, Maxim amorce donc son numéro au tout début et tente de passer à travers. Mais à ce moment, la réalité le frappe en pleine face ; un peu comme si les conséquences possibles et fort probables de cette prouesse lui semblaient maintenant claires. Il comprend qu'il est trop tard pour reculer, alors qu'il est devant un St-Denis vide de public mais peuplé de la direction du Festival, de l'équipe télé, des musiciens, de quelques autres humoristes attendant leur tour de répétition, et surtout de Normand Brathwaite et de sa troupe de 60 danseuses brésiliennes.

Ignorant ce qui se prépare, tout ce beau monde est plus ou moins attentif, certains discutent de tout sauf de testicules, et après quelques minutes pendant lesquelles Max peine à dire deux phrases sans s'enfarger dans son texte, oubliant tout ce qu'il devait faire, la metteure en scène Josée Fortier prend le micro et dit : «Eille ! Taisez-vous ! Y a un artiste qui essaye de répéter ! Montrez un peu de respect !! Ok, Maxim, vas-y ! »

Et c'est à ce moment, une fois que tous les regards sont sur lui et qu'il a toute l'attention qu'il ne désire pas, que Maxim se sort la roubignole des shorts. Je ne sais pas comment «Qu'essé ça, tabarnak?!» se dit au Brésil, mais quelques danseuses l'ont sûrement dit. Devant la stupéfaction générale, alors qu'il y a plus de bouches ouvertes devant lui que dans un nid rempli d'oisillons affamés, Max s'apprête à remettre son équipement dans l'étui, mais il entend une voix officielle lui dire: «Non, Maxim, laisse ta couille sortie, il faut qu'on vérifie l'éclairage.» C'est donc 45 très longues secondes d'humiliation qui vont suivre, pendant lesquelles personne ne parle, ne sachant trop où regarder, alors que Maxim pose comme un mannequin du catalogue Sears dans la section «sous-vêtements troués».

De retour dans sa loge, plusieurs dizaines d'émotions envahissent la tête de Maxim, pour entamer une agréable valse qui ne cessera pas avant le début du gala. Un seul sentiment ne s'est pas pointé à la danse: la confiance. Il a été question d'annuler, de remettre à un autre gala, mais après que tous se furent prononcés d'une manière ou d'une autre, le plan initial fut respecté.

Maxim est encore aujourd'hui associé à ce numéro, et bien qu'il admette sereinement que tout cela a nui à sa carrière, il jure qu'il referait la même chose dans des circonstances semblables. Je n'ai cependant pas pu avoir les commentaires de la couille à cet effet; elle préfère maintenant vivre à l'ombre des projecteurs.

Les petites vites
(Deuxième partie)

Jean-Michel Anctil et Sylvain Larocque
Grouille!

Alors qu'ils sont encore étudiants à l'École nationale de l'humour, on engage Jean-Michel et Sylvain pour le party de Noël d'une rôtisserie. Le simple fait que le buffet est installé juste devant la scène pour que les gens se servent dans leur face pendant le spectacle serait suffisant en soi. Mais il y a plus. Jean-Michel commence le show et c'est plutôt pénible; les gens parlent, et certains vont même jusqu'à crier: « Grouille, on veut danser! », ce qui n'est pas vraiment un compliment pour un humoriste. Ni pour personne, en fait. Si vous criez: « Grouille, on veut danser » à un notaire, il ne le prendra pas comme une louange.

Sylvain Larocque s'amène ensuite sur scène, et puisqu'il n'est pas vraiment du genre *Twist and Shout,* le mécontentement ne fait qu'augmenter, au point où la responsable demande à Jean-Michel d'avertir Sylvain d'arrêter le spectacle. JM va aux abords de la scène et tente subtilement de faire signe à Sylvain de couper ça court, mais Sylvain étant aveugle du côté droit, il ne peut voir les signaux de détresse. Voyant que son groupe d'experts en poulet a le bassin possédé par le démon du flamenco et qu'il y a urgence de steppettes, la sauce crémeuse en chef monte sur la scène, arrache le micro des mains de Sylvain et dit: « C'est pas bon! C'est pas bon! Le monde aime pas ça. Ils veulent danser, va-t'en!!! En avant la musique! »

François Morency
Les remorqueurs
Je suis engagé pour faire un spectacle dans le cadre du party de Noël d'une entreprise de remorquage. Soixante-quinze personnes : 70 hommes, 5 femmes. Les cinq femmes sont des escortes. Pendant le show, à tout moment, un des hommes quitte la petite salle avec une des filles et revient 15 minutes après. Ce va-et-vient continue pendant les 60 minutes de ma prestation. Y a pas eu de rappel.

François Morency
Soirée de cowboys
Mon spectacle au Festival western de Dolbeau-Mistassini a lieu dans l'arène où se déroulent les différents rodéos, et ma première partie est assurée par un « rodéo poker ». Cinq gars, qui portent casques, coudes et épaulettes de hockey, sont assis au milieu de l'arène, autour d'une table, et jouent au poker. On fait entrer un taureau qui évidemment se précipite pour les charger. Le dernier joueur qui reste assis sans se faire empaler gagne. Ce soir-là, j'avais la belle job.

Je ne sais pas ce qu'il est advenu des braves cowboys, mais je me suis laissé dire que le taureau accepte des contrats privés pour vos parties de poker, de blackjack, et même pour les tournois de bridge dans les résidences de personnes âgées.

Patrick Groulx
Le technicien cascadeur
Pour son deuxième one-man-show, Patrick a présenté un spectacle humour et musique. En première partie, il était seul au micro et faisait du stand-up, pour ensuite être rejoint par ses collègues du band Les Bas blancs, avec qui il a enregistré deux albums. La mise en scène était aussi prévue en conséquence. Pour la partie humour, il jouait devant le rideau avec un minimum d'éclairage, et on levait ensuite le rideau pour dévoiler l'orchestre avec tout l'équipement.

Mais un soir de tournée, le responsable de la salle se trompe et active le mécanisme qui fait lever le rideau en plein milieu de la première partie. Patrick s'arrête de parler lorsqu'il entend un puissant : « Nooooooooon ! » Ce cri du cœur est lancé par son propre technicien, qui est accroché au rideau et qui s'élève avec lui jusqu'à environ une douzaine de pieds dans les airs. En voyant la panique du pauvre homme, qui ressemblait à un chaton ayant les griffes accrochées dans un store qu'on enroule, Patrick demande qu'on baisse le tout.

Cela est un message d'espoir pour les hystériques ; il est parfois utile de grimper dans les rideaux.

Laurent Paquin
Du rêve à la réalité
Les conditions dans lesquelles l'humoriste travaille varient énormément. C'est un indicateur qui sépare clairement le professionnel de l'amateur et l'amateur du martyr. Lorsque la carrière du blagueur est en pleine ascension, ces changements de température peuvent être plutôt frappants, alors que ce dernier passe très souvent d'un extrême à l'autre.

Quelques jours après avoir participé à son premier gala Juste pour rire au Théâtre St-Denis, avec tout le prestige et le luxe que cela implique, Laurent se retrouve dans un bar de Jonquière devant 20 spectateurs. Avant le spectacle, le technicien lui dit : « Si jamais pendant ton show t'entends un genre de buzz, t'as juste à crisser un coup d'pied sur la boîte en métal qui est sur le *stage*. »

Bon retour dans la vraie vie, Laurent !

François Morency
Maman, j'passe à la tévé
De 1997 à 2000, le talk-show *Le Poing J,* animé par Julie Snyder, est l'émission de variétés numéro un au Québec. J'en deviens rapidement un collaborateur régulier et le comique de service. L'équipe

m'envoie faire des reportages et me demande d'être en studio lorsque Julie reçoit des invités hors du commun, afin que je punche pendant qu'elle s'occupe de la partie sérieuse de l'entrevue. J'étais donc présent lorsqu'elle a reçu le porte-parole d'Info-Circoncision, qui suggère aux hommes circoncis d'utiliser des bretelles pour s'étirer la peau et ainsi retrouver le prépuce perdu. (Tu retrouves ton prépuce, mais tu perds tes culottes; dans la vie, il faut faire des choix.) J'étais aussi présent avec une Asiatique spécialiste en mauvaise haleine, que j'ai tenté d'embrasser alors qu'elle me râpait la langue avec un bâton antimicrobes. Et en regardant un contorsionniste utiliser ses pieds comme table à café, je lui ai demandé si sexuellement il était capable de faire un 68.

Puisque j'avais fait mes preuves comme coanimateur, lorsque Julie a quitté pour animer une émission à la télé française, on m'a confié les rênes du *Poing J* pour une saison. Un des segments humoristiques que je faisais avait pour titre *Maman, j'passe à la tévé,* dans lequel des gens du public dotés d'un talent particulier venaient en faire la démonstration en studio. Les performances allaient du « un peu n'importe quoi » au « complètement cave ». Pour motiver les gens à participer, certains membres de l'équipe avaient gentiment accepté de faire le saut devant les caméras. C'est ainsi que les scripteurs Benoît Chartier et Paco Lebel ont été rendus célèbres. Le premier, car il pouvait arrêter un ventilateur avec sa langue, le deuxième, car il avait bu deux bouteilles de Tabasco en 30 secondes.

Nous recevions des centaines de demandes de participants par semaine, mais seulement deux ou trois passaient à travers le filtre pour aboutir en ondes. Certains parmi les refusés étaient plus insistants que d'autres.

À la même époque où j'animais *Le Poing J,* je faisais aussi *Midi Morency* à CKOI FM, qui à ce moment était située rue Gordon à Verdun. Oui, comme vous dites, ça faisait des bonnes journées. C'est en arrivant à la station un matin que je constate que deux hommes plutôt costauds attendent sur le trottoir devant la porte. En m'approchant, il m'apparaît évident que c'est moi qu'ils attendent. C'est dans ces moments que l'on se demande : « Qui j'aurais insulté sans le savoir dans un sketch ? » Alors que je me prépare au pire, ils m'abordent :

« Monsieur Morency ?

– Oui.

(À noter que j'ai ici quelque peu baissé ma garde, car il est plutôt rare que des agresseurs vous appellent monsieur.)

– Mon fils ici présent aimerait participer à *Maman, j'passe à la tévé*.

– Aaaaaah…

(Soulagement profond.)

– Et quel est son talent particulier ?

– C'est un homme fort.

– Ah.

– Il peut vous lever dans les airs avec juste un doigt.

– Ok.

– Combien vous pesez ?

– Environ 180.

– Cent quatre-vingts livres ?

– Non, 180 litres. Je suis une grosse bouteille d'eau ! Ha ! Ha ! Ha !

(Silence et regards vides.)

– Oui, 180 livres.

– Alors ça pourrait être avec le petit doigt.

– Super.

– Penchez-vous par en avant, on va vous montrer !

– Hein ???

– Penchez-vous, il va vous lever en vous tenant par la ceinture !

– Mais là… »

Avant que j'aie pu dire un mot de plus, le fiston-colosse m'agrippe l'arrière de la ceinture avec son petit doigt de feu et me tient en suspens comme si j'étais une valise. La scène est totalement absurde, les passants dans la rue Gordon hésitent entre appeler la police et applaudir. Et le père d'enchaîner :

« Pis ? Y est fort des doigts, hein ?

– Oui. Une chance qu'il joue pas de piano, ça coûterait cher d'ivoire ! Ha ! Ha ! Ha !

(Silence et regards vides.)

– Oui, y est fort des doigts… Bon ben… C'est pas que j'ai pas de plaisir à vivre le feeling d'être une boule de quilles, mais pourriez-vous me déposer avant que ma boucle de ceinture me transperce les entrailles ? »

Le monsieur et son fils à l'auriculaire d'acier étaient fort sympathiques, mais puisqu'on avait déjà reçu un homme fort au programme, ils ne sont pas venus à l'émission.

J'en profite pour les saluer amicalement; en espérant qu'ils ne se vengeront pas en me faisant un « wedgie » avec leurs dents si jamais je les recroise.

les CHICK'N SWELL

J'ai fait plusieurs numéros avec les Chick'n Swell, et chaque fois ils m'ont fait mourir à la fin : écrasé par une voiture conduite par des tortues, assassiné par des Power Rangers, déchiqueté par une blague qui fait exploser ceux qui la racontent… toutes des morts crédibles et susceptibles de survenir dans la vraie vie. Travailler avec les Chick'n Swell est plutôt irréel, car il faut contrôler et tenter de comprendre un inépuisable flux d'idées, de flashs et de concepts qui impliquent toujours des tonnes d'objets, de figurants, de voyages dans le temps, et ma mort.

La meilleure anecdote pouvant résumer leur univers s'est déroulée en 2006, durant un gala JPR que j'animais. Les C&S ne pouvaient être présents lors du gala, puisqu'ils donnaient un spectacle à Bromont. Donc, pendant tout le numéro, on ne pouvait les voir que par vidéos préenregistrées, pendant que j'étais sur scène à faire le lien entre l'aspect « live » et les trois écrans nous montrant les gars. Cette performance de huit minutes a nécessité deux jours de tournage dans un aréna, un terrain vague, un lac, des coulisses de théâtre et un décor de film porno dans lequel j'étais déguisé en laitier ; 20 heures avec un prof de karaté pour apprendre une chorégraphie de combat ; trois jours de répétitions afin que je sois synchronisé avec les écrans et la trame sonore, ainsi que la participation de trois mariachis, de deux cascadeurs, d'une poule vivante, d'un joueur de hockey, de Pénélope McQuade et d'un homme-tronc. Ce dernier fut le plus difficile à trouver. Je me souviens d'avoir eu, avec les C&S et leur gérant, un très officiel « meeting

homme-tronc » de 90 minutes, pendant lequel nous nous deman-
dions qui appeler pour avoir le meilleur homme-tronc disponible.
Un des Chicks, Daniel, disait en avoir vu un à Victoriaville. Leur
gérant, Michel, a alors demandé, et ce, très sérieusement : « Oui,
mais est-il assez tronc ? » C'est à ce moment que j'ai craqué. Je me
suis rendu compte qu'à cet instant même sur la Terre, des millions
d'autres meetings et réunions se déroulaient simultanément, mais
que dans aucun d'entre eux la question : « Oui, mais est-il assez
tronc ? » n'avait été posée.

Oui, papa !

Lorsqu'on est issu d'un milieu ouvrier aux valeurs traditionnelles,
annoncer à ses parents qu'on a choisi de tenter sa chance dans le
monde du spectacle est presque aussi stressant que de faire un
coming-out. Certains parents répondent : « Je t'aime, peu importe »,
certains vont dire : « Ok mais touche pas à mon maquillage », d'autres
sont indifférents, mais quelques-uns le prennent personnel, comme
s'ils se sentaient responsables de ne pas avoir su placer junior dans le
droit chemin des conventions depuis si longtemps établies.

C'est un peu le cas de Daniel Grenier des Chick'n Swell. Lorsque
son père, bûcheron, a appris que fiston se lançait en humour avec
deux ou trois chums, il lui a dit : « Tu vas être su' l'BS toute ta vie.
Ce milieu-là, c'est juste des drogués. Ça marchera pas, ton affaire.
T'aurais ben plus de chances de gagner ta vie dans l'bois avec une
chainsaw. » Heureusement, l'opinion de sa mère était complètement à l'opposé, et elle l'a fortement encouragé à poursuivre son
rêve de faire rire en se déguisant en banane géante. La maison de
maman est d'ailleurs rapidement devenue un lieu de tournage de
capsules vidéo, un local de répétition ainsi que le garde-robe officiel où les gars entreposaient, dans le sens de mettre en pile dans
le sous-sol, leurs centaines de gadgets, perruques et costumes.

Fraîchement sortis de l'École nationale de l'humour, les C&S décident de présenter un premier spectacle complet devant familles et amis, dans la région de Mégantic. Évidemment, le paternel sera présent, et Daniel entend bien lui prouver qu'il avait tort de lui souhaiter la vie de Daniel Boone, en triomphant devant toute la parenté.

Cet événement devient rapidement le plus important de la vie des Chicks, et les heures de répétitions sont nombreuses. Au programme : un numéro d'acrobatie moderne dans lequel Daniel y va d'un spectaculaire salto arrière. Les entraînements sur le gazon dans la cour de maman se sont bien déroulés, mais Daniel décide de faire un dernier test sur le plancher de béton des coulisses, cinq minutes avant le début du spectacle. Il n'aurait pas fallu. Manque d'altitude, de swing ou de chance, il tombe en pleine face sur le béton. Dents reculées, bouche et nez qui saignent, et surtout une solide commotion cérébrale en résultent. « Je voyais juste une ligne », dit Daniel qui, dans le cadre d'un match de hockey, aurait été renvoyé au vestiaire. Son collègue Francis, pour sa part, avait tellement répété avec intensité pendant toute la semaine que la fatigue mélangée à la nervosité lui ont donné une extinction de voix qui faisait que tous ses personnages sonnaient comme Marlon Brando dans *Le Parrain*. Certaines cousines, croyant bien faire, vont en rajouter en criant quelques remarques pendant le spectacle, et le bilan de la soirée se retrouvera quelque part entre l'amère déception et l'échec total.

Dans la loge après le show, alors que maman et quelques tantes positives tentent de remonter le moral des gars, le père de Daniel va voir ses deux fils : Michel, leur technicien devenu gérant, et Daniel, avec son visage décoré à coups de plancher de béton, et leur dit : « J'vous l'avais dit que ça marcherait pas. »

Avant que certains parmi vous appellent la DPJ, sachez que les choses se sont replacées entre Daniel et son père ; il va voir les spectacles des Chicks avec fierté, et il a cessé de lui offrir une hache et des bottes Kodiak chaque année à Noël.

Les moyens du bord

Pendant ses années au sein des Chick'n Swell, Simon-Olivier Fecteau habitait avec Francis Cloutier, un autre Chick, dans un immeuble situé rue Sainte-Catherine à Montréal. Pour une question de manque de budget, ce bâtiment a servi de lieu de tournage pour plusieurs capsules de la série télé des Chicks à Radio-Canada, et ce, contre la volonté de plusieurs résidents qui voyaient leur quotidien bouleversé par les sparages du trio. Corridors, lobby, ascenseurs, stationnement, cages d'escalier, salle de lavage, chaque pied carré de l'édifice a été utilisé à plusieurs reprises. Ainsi, les plaintes pour tapage et rencontres avec des Ninja Turtles qui se battent à coups de pointes de pizza s'accumulaient sur la boîte vocale du concierge, qui un jour en a eu assez. Ce jour en question, qui est en fait une soirée, la scène à tourner montrait les Chicks qui hurlent en courant dans le corridor de leur étage parce qu'un t-bone les poursuit. Oui, un vrai t-bone, dans son emballage.

Alerté par les cris et les lamentations des résidents, tel un surveillant de piscine, le concierge apparaît et annonce aux gars que la course est terminée et que cet avertissement est le dernier avant l'expulsion finale. Puisqu'il manque à peine un ou deux plans pour compléter la scène, les gars, et le t-bone, décident de monter trois étages plus haut, pour finir le travail dans un corridor encore vierge de locataires exaspérés. Alors que la course et les cris viennent à peine de reprendre, la porte d'un des appartements s'ouvre et il en sort… le concierge. Sans le savoir, les Chicks ont choisi l'étage où réside celui qui possède l'imposant porte-clefs et l'autorité qui vient avec. « Qu'est-ce que je viens de vous dire, vous autres ?!! »

Après des négociations serrées, il fut convenu que la scène serait complétée, mais qu'ensuite plus aucun tournage n'aurait lieu dans l'immeuble, et que le t-bone serait offert au concierge.

Où aller ensuite ? Chez maman Grenier à Victoriaville, évidemment ! L'enthousiasme sans fin de la mère de Daniel a sauvé la saison télé du trio, mais ce sont ses voisins à elle qui devraient maintenant faire preuve d'ouverture d'esprit. Pour un sketch impliquant une petite fille d'une dizaine d'années, Daniel pige encore une fois dans la filière familiale en faisant appel à une cousine. Très excitée au départ par l'idée, la petite n'apprécie pas l'ambiance qui règne sur le plateau et, possiblement intimidée par l'environnement, elle pleure et refuse de jouer la comédie. (Pourtant, le t-bone sauvage n'y était pas…)

Mal pris, Daniel décide d'aller cogner aux portes des voisins pour demander : « Pardon, auriez-vous une petite fille de 10 ans ? J'en aurais besoin, car je fais un vidéo avec deux amis. » Certains ont fait de la prison pour beaucoup moins que ça.

Il revient, on s'en doute, sans enfant, et appelle une amie mère de famille à la rescousse.

Bien sûr, certains résidents du quartier ont gardé un œil sur le douteux trio pendant quelques jours, mais cela est parfaitement normal ; je les connais depuis 12 ans, et je garde toujours un œil sur eux.

Quand on parle avec les Grandes Gueules, on a l'impression
d'être devant des jumeaux siamois : deux êtres joints par la
tête, parfaitement coordonnés, qui complètent les phrases l'un de
l'autre et qui prennent leur bain ensemble. Je n'ai jamais vu ces
deux gars être autrement que de bonne humeur ; leur joie de vivre
est aussi facile à ignorer qu'une tétine de quatre pouces dans une
pub de crème antirides. Une théorie veut que les humoristes aient
tous un côté sombre, que de vieux démons soient responsables de
notre besoin d'attention et de notre manie chronique de tout vouloir tourner à la blague. C'est possiblement vrai pour certains
d'entre nous, mais je ne vois absolument rien de ténébreux dans
les yeux de Mario Tessier et de José Gaudet. Leur cerveau (je parle
au singulier, car ils n'en partagent qu'un) semble être une perpé-
tuelle fiesta mexicaine ; ils affichent constamment le sourire du
mariachi bedonnant, les joues pleines de tacos, qui chanterait la
joie de vivre même s'il pleuvait des frigidaires. Si certains comiques
sont inconsciemment motivés par un manque d'amour subi dans
l'enfance, ce n'est pas le cas des GG, qui ont visiblement été élevés
dans une orgie.

C'est juste une joke

Faire de l'humour tous les jours à la radio ou à la télé, écrire et
livrer quotidiennement du nouveau matériel est un mandat plutôt

costaud. Produire des jokes comme une usine à saucisses épuise même les plus rigoureux et augmente grandement le risque de débordement. D'une part, le danger d'en sortir des moins bonnes s'accroît pour une simple raison statistique, mais il y a aussi le fait que le temps manque afin d'évaluer correctement si toutes les blagues peuvent être dites en ondes ou pas. Ce phénomène est encore plus flagrant à la radio ; contrairement à un studio de télé, un studio de radio est intime, sans public ni grosse équipe technique. On s'y pointe sans maquillage ni répétition, avec l'impression de s'adresser uniquement aux trois ou quatre personnes qui sont présentes avec nous, alors que des centaines de milliers de gens sont à l'écoute. Cela étant, les 17 années de radio quotidienne que les GG ont livrées jusqu'à maintenant n'ont pu se faire sans qu'ils en échappent quelques-unes.

José Gaudet imite Jean Charest depuis plusieurs années. Sa caricature nous fait entendre un Charest confus qui doit constamment se justifier pour avoir dit telle ou telle chose, bref, c'est Jean Charest. Alors que le chanteur Martin Deschamps devenait populaire, on a pu entendre le Charest de José déclarer : « Je n'ai jamais dit que Martin Deschamps a l'air d'un Monsieur Patate à qui on a enlevé des morceaux ; ce que j'ai dit, c'est que je ne crois pas qu'il sera bientôt invité à *Fort Boyard.* »

La blague crée un malaise et offusque profondément Martin et sa famille. En apprenant l'embarras qu'ils ont causé, les GG invitent Martin à l'émission quelques semaines plus tard. Une fois en ondes, ils s'excusent mille fois, arrangent le tout avec lui, mais apprennent que son père est celui ayant le plus mal réagi à la joke. Spontanément, ils décident donc de l'appeler en direct et se rendent effectivement compte qu'il était grand temps de faire la paix avec le géniteur. Papa Deschamps leur dira en ondes : « J'vois que vous êtes des caves qui parlez sans réfléchir, donc c'est correct, j'aurai pas besoin de vous passer dessus avec ma van blanche pour vous écraser. »

Mais la blague des GG qui a créé le plus de remous implique René Angélil. Encore une fois, le tout débute avec une imitation, cette fois-ci faite par Mario Tessier. En 2002, alors que Céline Dion domine encore les palmarès avec la chanson *I'm Alive*, Mario en fait une parodie désormais célèbre ayant pour titre *À ménarve*, dans laquelle la fausse Céline dit, entre autres : « Si j'ai des p'tits seins, c'est parce que j'leur donne des coups d'poing [...] Quand j'avais 16 ans, René était mon amant [...] On couchait ensemble dans l'dos d'maman », etc.

Résultat : le vrai René envoie au faux René et au réseau NRJ une vraie mise en demeure, les sommant de retirer la parodie et le faux René des ondes. La nouvelle fait le tour de tous les médias, se rend aux États-Unis ainsi qu'en Europe, et les 24 heures suivantes sont à la fois très longues et très courtes pour Mario, qui soudainement se sent comme un nain qui ne sait pas nager et qui voit arriver une vague de 15 pieds.

Mais le sentiment de panique qui l'envahit n'aura pas le temps de se muer en crise de psoriasis, puisque les GG et leur employeur organisent une conférence de presse dès le lendemain, pendant laquelle on annonce que la parodie ne sera plus entendue, mais que le personnage du faux René fera encore partie de l'émission. La carte cachée de Mario le snoreau sera de sortir un vieil album des Baronets, l'ancien groupe de René qui y allait lui aussi, à l'époque, de quelques parodies et adaptations de chansons anglophones.

De toutes les tribunes sur lesquelles les gars auront à se défendre pour *À ménarve*, le bulletin de nouvelles de TVA où Claude Charron les interviewe avec Michèle Richard, cette dernière étant présente au nom des victimes de blagues, est un petit bijou de grotesque pour lequel les GG ont d'ailleurs depuis reçu des excuses. Arrivant à peine à placer un mot devant une madame Richard aussi calme qu'une nouvelle mariée qui découvre une tache de sauce soya sur sa robe, les gars trouvent tout de même le moyen de garder leur sang-froid. On verra cependant ressortir le passé de chacun d'eux : José, qui a travaillé en politique, reste posé et souriant tout au long de l'entrevue, tandis que Mario, l'ex-militaire, laisse poindre quelques élans d'exaspération plus que compréhensibles, tout en regardant autour de lui à la recherche d'une grenade.

Sa patience sera de nouveau testée quelques mois plus tard, puisqu'il retrouvera la duchesse du pétage de coche à TQS, à l'émission *Le mec à dames* de Jean-Pierre Coallier, où elle est co-animatrice invitée lors de la venue des GG qui font la promotion de leur plus récent CD. Alors que Jean-Pierre tente d'ouvrir le boîtier du CD, madame Richard le lui prend des mains et le lance au bout de ses bras, ce à quoi Mario réagit en disant : « Ah ! Un lancement de disque ! »

La réunion finale du joyeux trio se fera au gala Artis 2010, où la fulminante Castafiore accepte de participer avec les GG à la vidéo d'ouverture, qui fait le tour des 30 dernières années de la télé québécoise. Pendant le tournage, l'harmonie est au rendez-vous, rien n'est lancé, ni insulte ni CD, y a de l'amour dans l'air et ils vécurent heureux… jusqu'à la prochaine joke de trop.

Je n'ai jamais trop compris pourquoi il y a encore si peu de filles en humour au Québec. Lors de meetings de galas, des dizaines de fois j'ai entendu des scripteurs dire : « Ça manque de filles ! » Évidemment, nos meetings se tiennent dans des tavernes et les scripteurs sont tous des vicieux qui veulent se rincer l'œil, mais là n'est pas mon point. Dans un milieu aussi compétitif que celui de l'humour, se démarquer devient l'aspect le plus important et le plus difficile. Or, le simple fait d'être une fille permet à une humoriste de se distinguer de 80 % de ses concurrents. Bien qu'elle reconnaisse cela, Cathy me confirme qu'il y a encore certains préjugés à combattre, avec le public et l'industrie, surtout en France où, lors de spectacles communs avec d'autres jeunes inconnus, on lui jette souvent ce qu'elle appelle le regard « Va me faire une quiche, salope ! ». Mais cela peut aussi se produire au Québec ; il suffit de remplacer la quiche par un pâté chinois.

Au mauvais endroit

À écouter les histoires de Cathy, on peut s'aventurer à dire qu'elle a longtemps eu le karma du chien dans un jeu de quilles. En fait, un ouistiti dans un jeu de fers à cheval ne serait pas nécessairement mieux accueilli non plus. Et que dire d'un troupeau de gnous sur un terrain de tennis ! Personnellement, j'ai déjà croisé un couple de moufettes dans un match de ballon-balai, et je n'ai pas particulière-ment apprécié. Mais je sens que je m'éloigne.

La scène du film *Ding et Dong* où les deux comiques se retrouvent dans un camp de bûcherons à tenter de divertir une bande de coureurs des bois n'est pas si loin de la réalité qu'on oserait l'espérer. Cathy a vécu une situation dangereusement similaire lors d'un spectacle à la Baie-James, pour les hommes du chantier. Dominic Paquet, qui assurait la première partie, a à peine réussi à obtenir l'attention nécessaire pour terminer sa portion de la soirée. Mais lorsque la belle Cathy s'est pointé la bouille sur scène, ce n'est pas la partie du cerveau reliée au rire qui s'est instinctivement éveillée dans la tête des quelques centaines d'hommes légèrement abreuvés qui étaient présents. Disons que certains instincts de base du gars seul dans le Grand Nord depuis deux mois ont pris la première place au palmarès des émotions manifestées avec intensité. Passer 30 minutes à se faire crier « À poil !! », « Montre-nous tes boules !!! », voilà le genre de choses qui nous font dire que c'est effectivement parfois plus difficile d'être une fille en humour. Cathy n'a jamais réussi à placer un seul gag de son répertoire ; ce fut simplement une demi-heure de réactions et de tentatives de contrôle face aux cris venant de cet entrepôt de testostérone brute.

Une autre étape du long chemin vers le respect se déroule en 1998, alors que TQS présente l'émission *Drague-moi*. Animé par Sébastien Benoît, ce jeu télévisé se veut une version revampée de *Coup de foudre*, où des gars et des filles tentent de se séduire avec un minimum de grâce. Puisqu'il est difficile de recruter suffisamment de concurrents du public avec des dents et capables de faire une phrase complète, la production décide de faire appel à des finissants de l'École nationale de l'humour en recherche d'exposition médiatique, bref, à des finissants de l'École nationale de l'humour. La sortie de l'ÉNH peut être pénible pour certains. Après avoir été entourés dans un environnement architecturé pendant deux ans, les jeunes aspirants comiques se retrouvent souvent sans gérant ni personne de confiance pouvant les guider dans leurs choix professionnels. Combinez à cela le besoin de payer ses dettes d'études et l'occasionnelle canne de raviolis, et vous comprendrez pourquoi Cathy et quelques autres ont accepté d'aller jouer au célibataire excité. La commande était évidemment d'amener de l'humour dans le jeu sans se soucier d'y trouver réellement l'amour. C'est exactement ce qu'a fait Cathy, car, après une blague de fellation, les concurrents masculins, qui n'étaient pas des anciens de l'ÉNH, l'ont unanimement éliminée. Non seulement elle n'a pas rencontré l'amour, mais en plus sa fierté en a profité pour aller prendre une marche.

Ce trio de l'humiliation est complété par une présence à l'émission *Le match des étoiles,* là où des artistes de tous les domaines avaient une semaine pour apprendre une chorégraphie qu'ils devaient ensuite exécuter en direct à la télé. Ayant reçu l'invitation, Cathy consulte sa metteure en scène, Dominique Michel, qui lui conseille fortement de refuser : « Tu sais pas danser, t'as aucun rythme, on a essayé de te faire apprendre quelques pas pour ton spectacle et t'étais pas capable, oublie ça ! »

N'écoutant que son orgueil, Cathy accepte tout de même, et ce n'est rien de moins qu'un swing acrobatique complexe qu'elle devra tenter de livrer. Les répétitions se déroulent plutôt bien, mais la performance télévisée est un flop total. Déguisée comme une figurante de *Grease* avec minijupe à tulle et boucle de cadeau mauve sur la tête, Cathy va en sens contraire des autres, tombe sur un danseur, en enfarge un autre et, malgré sa légèreté, celui qui doit la soulever n'y arrive même pas, à cause de son manque de coordination extrême.

Cette émission constitue un spectacle permettant d'admirer le talent naturel ou l'absence totale de polyvalence des vedettes, mais elle porte également le chapeau de concours, puisque, chaque semaine, un des trois participants est élu gagnant par un jury et par le public.

Eh bien, Cathy aura trouvé le moyen d'accumuler moins de points que le chanteur Martin Deschamps. Ce dernier, sur une seule jambe, aura mieux dansé qu'elle. Évidemment, le courage dont il a fait preuve aura su charmer les cœurs les plus durs, mais pour Cathy, la leçon sur son avenir dans le monde des steppettes est limpide : « Je suis moins souple que des béquilles en stainless. »

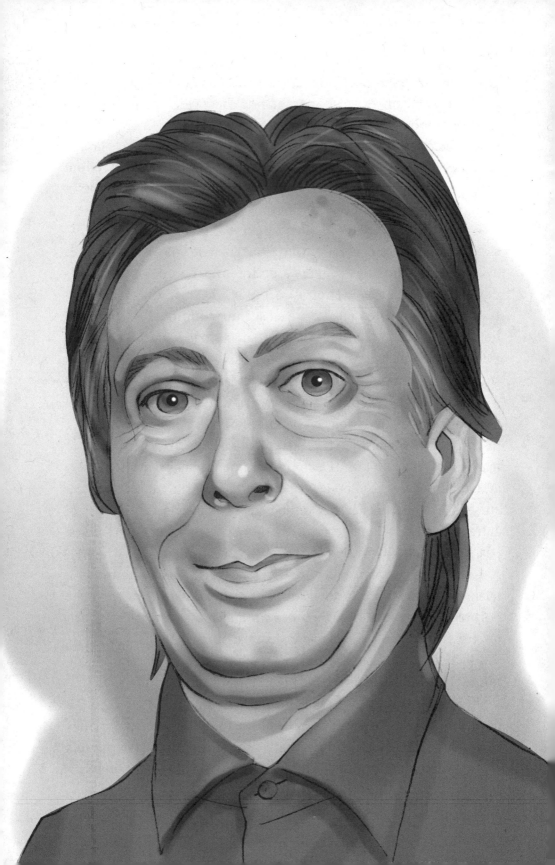

En 1989, j'étudiais le journalisme à l'Université Laval, ce qui, dans les faits, signifie que j'allais au bar étudiant quatre soirs par semaine et que je jouais dans la Ligue universitaire d'improvisation. Je commençais sérieusement à m'intéresser à l'humour et à l'écriture, et Daniel Lemire était en ville avec son quatrième one-man-show, *Lemire fait l'humour*. Ayant sauvé de l'argent en cachant une flasque de rhum dans mes culottes lors de mes quatre soirées hebdomadaires «d'études», je me paye un billet et me voilà assis au Grand Théâtre de Québec. Au-delà de l'efficacité, de l'intelligence et du rythme serré, ce spectacle transpirait la rigueur. Inspiré, je reviens chez moi et passe la nuit à écrire des blagues. Toutes ces blagues ont eu la durée de vie d'une manne dans un ouragan, mais l'idée que passer des heures à se creuser la tête est la seule manière d'obtenir de vrais résultats est restée en moi. C'est d'ailleurs en appliquant cette idée dans les mois suivants que j'ai eu accès à mon premier gala Juste pour rire en juillet 1990. Et qui partageait ma loge au St-Denis ce soir-là? Daniel Lemire. Avoir su, j'aurais apporté ma flasque.

«Hello you!»

Au fil de ses neuf one-man-shows en carrière et de plus de 2 000 représentations, Daniel Lemire a vu ses spectacles interrompus à quelques reprises, et ce, pour diverses raisons. Des agressifs de Val-d'Or qui décident de se battre entre deux jokes, un support avec 12 lumières qui tombe du plafond en arrière-scène à Granby, une machine à fumée à Joliette qui ne s'arrête pas pendant un sketch avec Pierre Verville et qui fait que les deux gars ne se voient même plus sur la scène, un spectateur du St-Denis qui fait une crise cardiaque, etc. Mais son cœur à lui a failli s'arrêter en 1995.

Avant d'accepter de donner un spectacle privé dans un environnement corporatif, l'humoriste et ses représentants demanderont à vérifier certaines informations de base : le contexte de l'événement, la profession ou le lien qui unit le groupe, la présence d'animaux sauvages, etc.

Engagé pour divertir ce qu'il croit être les employés d'une firme d'ingénieurs québécois, Daniel se présente dans un restaurant du Vieux-Montréal. Il est en coulisses alors qu'il entend le maître de cérémonie le présenter, en anglais. J'avais oublié de le préciser plus tôt, mais la langue parlée est aussi un des critères à confirmer avec le client.

En français, la présentation ressemble à ceci : « Mesdames messieurs, notre invité de ce soir est un humoriste québécois. Il parle français, alors c'est possible que vous en perdiez des bouts. On accueille Daniel Lemire ! »

Pas trop certain de ce qui se passe, il commence le show comme il le fait toujours, mais ses sept ou huit premières blagues ne provoquent aucune réaction, rien, zéro pis une barre.

À ce moment, alors que de l'acide à batteries commence à se former dans l'estomac d'Oncle Georges, le MC remonte sur scène et indique qu'il va traduire le spectacle en anglais au fur et à mesure, pour l'aider à se faire comprendre. Daniel fait une blague, le MC traduit, la foule rit. Ce petit manège se répète pendant une dizaine de minutes, le show est prévu pour en durer 60, et Daniel a autant de plaisir qu'un édenté allergique au beurre dans une épluchette de blé d'Inde.

Voyant que le supplice a assez duré, c'est alors que sa conjointe, ses amis et ses collaborateurs arrivent de l'arrière de la salle, le sourire au visage, et l'applaudissent en criant : « Bon 40e anniversaire, Daniel ! » L'effet recherché est atteint. La centaine de faux ingénieurs présents n'étaient qu'un groupe de figurants engagés par son gérant pour jouer le jeu afin de rendre le gag réaliste. Ils sont repartis aussi vite dans leur autobus, pour que la vraie fête privée commence.

Pour ses 50 ans, Daniel a refusé tout engagement.

Sugar Sammy, de son vrai nom Sam Khullar, me doit tout. Je l'ai présenté au public québécois francophone lors de mon gala Juste pour rire de 2009 où il a, grâce à ma présentation de rêve, charmé le public avec son style baveux. Bien sûr, certains diront qu'il avait déjà 12 ans de métier, fait des shows en quatre langues sur cinq continents en plus d'une émission spéciale sur HBO, et qu'avant que je le rencontre il était déjà plus occupé qu'une escorte pendant le Grand Prix de Formule 1. Oui, je l'avoue. Mais c'est tout de même grâce à moi s'il se fait maintenant reconnaître à Val-d'Or.

La débarque

Lorsqu'une carrière débute en force et que le succès est rapidement au rendez-vous, il peut facilement arriver qu'un artiste à qui tout semble réussir fasse l'erreur d'accepter quelque chose qu'il aurait dû refuser. Alors arrive l'échec, qui viendra semer le doute dans cette belle confiance qui semblait indestructible. La confiance et le doute ; aussi présents dans la carrière du stand-up que le verre d'eau et le micro. Dans une même semaine, une même journée, parfois dans un même 10 minutes sur scène, le comique peut passer de la confiance au doute aussi rapidement que des essuie-glaces passent de gauche à droite. Ou que le pont Champlain passe de trois voies à une. Ou qu'une fille passe d'un kit de linge à un autre avant une entrevue. Bref, vous comprenez le principe.

Je présume que ça peut être le cas pour n'importe qui, et ce, peu importe sa profession, mais la grande insécurité de notre métier, combinée à la constante recherche d'approbation du public, des médias et de nos pairs, va assurément contribuer à gonfler la fréquence et l'intensité des changements de tempérament. Curieusement, les deux sentiments sont nécessaires chez l'humoriste : la confiance le fera rayonner sur scène, prendre des risques et sortir de sa zone de confort, tandis que le doute le forcera à travailler plus fort, tout en gardant une certaine humilité face à cette job où tout est toujours à recommencer.

Pour Sugar Sammy, le doute est arrivé comme un coup de poing dans la face en 2008, au Halifax ComedyFest. On lui demande de présenter trois numéros différents, sur trois galas. Il accepte, malgré le fait qu'il ait juste assez de matériel solide et testé pour faire deux présentations. Appelons cela le syndrome de l'entrepreneur en construction : « Oui, votre maison neuve sera bientôt terminée, même si à l'heure actuelle j'ai des planches pour faire seulement un demi-cabanon. »

Les deux premiers galas se déroulent très bien. Fort de cet élan, Sam se dit qu'il pourra improviser et jouer avec la foule lors du troisième. Déjà baveux, il en rajoute en provoquant le public dès son arrivée sur scène : « Bonsoir, Halifax ! Mon nom est Sugar Sammy. (Regardant le public :) Y a du beau monde ici ! Ben, pas à mon niveau, on s'entend… mais ça dépanne si c'est une mauvaise journée. » Sam a maintenant deux problèmes : cette joke jette une piscine olympique d'eau froide sur les spectateurs, et il n'a pas le matériel solide nécessaire pour aller les rechercher. C'est donc un huit minutes de malaise total et de nouvelles jokes non testées et non efficaces qui va suivre. Le timing est plutôt mauvais, car ce gala est capté pour le réseau CBC, et plusieurs gros bonnets de l'industrie de l'humour y assistent.

Sam n'a même pas pu quitter les lieux pour casser au plus vite son sentiment de malaise ; il devait attendre la fin du gala, car tous les humoristes partageaient un transport en autobus pour le retour à l'hôtel.

L'aspect le plus difficile quand on se plante dans un contexte semblable, c'est que l'embarras ne fait que commencer. En sortant de scène, on croise tous les autres humoristes qui évitent notre regard, car personne ne sait trop quoi dire. Et mieux vaut ne rien dire. Lancer un « Bravo ! » à un gars qui vient de se péter la gueule en croyant lui remonter le moral ne fait qu'ajouter l'insulte à l'injure. Sam a même eu droit au sarcasme d'un collègue qu'il croyait être un ami. Non seulement lui a-t-il dit : « Ouain, c'tait pas terrible ça, hein ? » dans les minutes suivantes, mais de plus, deux semaines plus tard, il a publié une photo de tous les participants à ce gala sur sa page Facebook, avec la mention : « Voici tous les humoristes de la soirée, et Sugar Sammy. »

Il n'y a qu'une seule façon de se remettre vraiment d'une mauvaise performance : remonter sur scène au plus vite. En attendant cette autre chance, la vaste majorité des humoristes seront obsédés par leur récente débarque. Dans plusieurs cas, et je m'inclus ici, on attrape ce que j'appelle la Tourette de l'échec. Deux ou trois jours après l'événement, on peut être tranquille à la maison, se lever pour aller prendre quelque chose au frigo et soudainement lâcher un agressif « Calvaire !!! ».

Alors la conjointe demande :

« Qu'est-ce qui se passe ?

– Rien, j'pense au numéro de l'autre soir.

– Encore ? !?! »

Sam se sentait tellement détruit qu'il passait ses journées au lit ; le sommeil était le seul état dans lequel son cerveau faisait une pause des séances de « à quoi t'as pensé maudit cave-pas-de-talent-sans-avenir-imposteur-de-merde ». Il en était rendu au point où il considérait sérieusement l'idée de se trouver une job derrière la caméra. Mais ! Arrive l'offre d'un ami pour faire un show à Metcalfe, en Ontario, dans le cadre du Shroomfest (le festival du champignon). Le « prestige » de l'événement, les conditions ainsi que le salaire proposé étaient tout sauf séduisants, mais il fallait remonter sur scène, ça pressait. C'est donc devant 400 cultivateurs et experts en champignons réunis dans une grange ontarienne que se fait le grand retour. Les deux autres humoristes au programme ont de la difficulté à obtenir l'attention de la foule, très turbulente. Sam arrive sur scène, dit : « Bonsoir, mon nom est Sugar Sammy », ce à quoi un homme lui répond en criant : « Je déteste les *pakies* ! » Et il lui lance un champignon en plein front. Un accueil de rêve ! Finalement, remonter sur scène ce soir-là n'était peut-être pas une super bonne idée…

Le mot *pakies* est un terme qui désigne, de façon peu flatteuse, les habitants de l'Asie du Sud. Sam étant d'origine indienne, disons simplement que ce n'est pas le plus beau compliment à lui faire. Surtout accompagné d'un champignon en plein front. Encore chanceux qu'il ne s'agissait pas de cultivateurs de citrouilles ! Mais après l'insulte sur les *pakies*, Sam a eu la vitesse d'esprit de répondre : « Moi aussi ! On devrait se partir une page Facebook pour les harceler ! » Cette simple réplique a gagné le public, et le show fut un grand succès. La confiance était de retour et la leçon, apprise : ne pas dire oui à n'importe quoi, et toujours porter une visière lorsqu'on fait un show devant des cultivateurs de champignons.

François Morency
L'exposition agricole

En 1993, en compagnie de Carole Dion, André Gauthier et Jean-Michel Anctil, je participe à la Tournée Juste pour rire. Pour ce spectacle, quatre finissants de l'École nationale de l'humour sont choisis afin de monter un show mélangeant solos et numéros de groupe, qui sera présenté plus d'une centaine de fois partout au Québec, en Ontario et au Nouveau-Brunswick. Permettez-moi d'insister sur le mot « partout », car, en plus de nous permettre de visiter les plus belles salles de spectacles, cette tournée fut aussi pour nous l'occasion d'écrire *Le Guide du Routard des endroits où aller se péter la gueule.*

Un de ces pelotons d'exécution de la farce est un festival agricole. Car évidemment, qui dit show d'humour dit festival agricole ; ces deux éléments vont aussi bien ensemble qu'une garderie et des armes à feu. Laissez-moi dresser la liste des ingrédients qui font qu'un spectacle te donne envie de retourner à l'école pour devenir comptable.

- Le show a lieu à 14 h.
- Par une très chaude et humide journée de juillet.
- Sous un chapiteau non climatisé.
- Devant la scène, il n'y a pas de chaises, juste un grand espace vacant.
- Avant le show, cet espace est occupé par des vaches qui défilent pour un concours de beauté bovine.
- Les vaches ne sont pas constipées.
- Je dirais même qu'elles ont probablement mangé des tacos au All Bran.
- Après avoir couronné la championne du concours des plus beaux pis, les organisateurs sortent des grattes afin de tasser les traces du passage des donneuses de lait.
- Je vous rappelle que nous sommes en juillet, sous un chapiteau.
- À ce festival, outre des vaches et des blagues, il y a aussi des manèges.
- Juste à côté du chapiteau, il y a les montagnes russes.
- Nous devons synchroniser nos punchs pour ne pas se faire enterrer par les « AAAAAAAAAAAH » des festivaliers qui prennent une « drop » de 150 pieds dans le manège.

Nous n'étions qu'en début de carrière, perturbés par l'expérience, et avions, dans nos têtes à tout le moins, toutes les raisons du monde de vouloir mourir piétinés par le troupeau de vaches. Mais je me souviens très bien que, sur le chemin du retour, entassés dans la Sprint d'Anctil, nous avons tous les quatre éclaté de rire, persuadés d'avoir vécu une histoire qui vaut la peine d'être racontée, et qu'aussi pénible qu'avait pu être notre après-midi, c'était une semaine au Club Med comparé à celui des gars qui avaient eu à passer la gratte.

Les FBI

Pour la plupart d'entre vous, le sigle FBI signifie Federal Bureau of Investigation, l'organisme qui cherche désespérément à retracer Hannibal Lecter et qui cache des micros dans les caleçons des gars de la mafia. Mais lorsqu'on monte des galas ou des spectacles, FBI veut dire : Fausse Bonne Idée. Une FBI va habituellement naître dans un meeting de création, communément appelé « brainstorm ».

La règle de base de tout brainstorm est : on ne juge pas les idées. On dit tout ce qui nous passe par la tête sans se censurer, car un flash qui peut sembler minable au départ va parfois allumer un autre collaborateur, et celui-ci développera un concept qui, lui, sera génial. Mais c'est aussi comme cela qu'une FBI va se pointer la face. Quelqu'un lance une idée farfelue qui fait rire tout le monde ; aux yeux de tous, ça semble innovateur et original, personne ne va émettre de doutes, alors on va de l'avant et, puisque les numéros de gala sont souvent impossibles à roder vu leur grand déploiement, la FBI se retrouve en ondes en direct à la télé, devant deux millions de personnes. Et c'est là, alors qu'il est trop tard, que l'on comprend que l'idée était bonne, mais que, puisque ce n'était pas le bon contexte, la bonne application ou le bon moment, quelque chose de mauvais que personne n'a vu venir a atterri dans le bol pour rendre la recette totalement infecte.

Voici quelques exemples de FBI.

Louise Richer

L'invité-surprise

En 2003, le gala Les Olivier rend hommage à Dominique Michel. On cherche quelqu'un qui pourrait venir sur scène lui remettre son prix; une personne connue et aimée des gens, ayant un lien avec Dodo, qui ferait un bel effet de surprise et qui n'est pas Denise Filiatrault, car on tente d'être original et on n'a pas envie de se faire crier: «COUDONC, C'EST BEN LONG! À QUELLE HEURE JE PASSE?!!!» Quelqu'un suggère Michel Chartrand. L'ex-syndicaliste a souvent été imité par Dodo, il est coloré et amusant, et fait rarement des apparitions publiques. Bonne idée! Sauf que.

Louise a travaillé très fort pour convaincre monsieur Chartrand, car au départ il a refusé. C'est finalement après une rencontre à son domicile personnel qu'il accepte, avec la promesse qu'aucun texte ne lui sera imposé, qu'il n'aura pas à faire de répétition et qu'il aura simplement à se pointer sur scène le moment venu, dire un petit mot sur Dodo, remettre le prix et quitter.

Monsieur Chartrand a bien compris la première étape, il s'est pointé sur scène le moment venu. Cependant, «dire un petit mot sur Dodo» s'est transformé en «péter sa coche sur la société pendant cinq minutes». Quebecor, Power Corporation, les impôts, le seuil de la pauvreté, la mauvaise gestion gouvernementale, le bien-être social, tous ces sujets furent abordés dans un long éditorial échevelé pendant lequel pas une fois le nom de Dodo n'a été mentionné. Il faut préciser que monsieur Chartrand avait été stimulé par le fait que le gala, qui était à l'époque diffusé sur les ondes de TVA, avait lieu au Théâtre St-Denis, devant les portes duquel un groupe de syndiqués de TVA en négociations profitaient de l'attention médiatique pour manifester, pancartes à la main.

Pendant que sur scène le capitalisme se fait massacrer à coups de hache, en coulisses, Louise et Benoît Pelletier (le chef scripteur du gala) demandent à Jean-Michel Anctil, l'animateur, d'aller sur scène pour inciter l'orateur en feu à couper court à son boniment de hargne pour finalement présenter le prix. Mal à l'aise, Jean-Michel entre et dit poliment: «Monsieur Chartrand, je m'excuse, mais…» Avant qu'il termine sa phrase, Chartrand lui répond: «Vous, on vous a pas appelé!!!»

Alors que Jean-Michel revient en coulisses avec le visage d'un enfant qui reçoit du brocoli en cadeau à Noël, c'est Dodo elle-même qui, grâce à son instinct naturel, comprend qu'elle seule peut rétablir le tout. Elle se lève de son siège et monte sur la scène pour accepter le prix que Michel Chartrand ne lui a jamais présenté.

On n'avait pas prévu que monsieur Chartrand pourrait confondre « gala Les Olivier » avec « assemblée annuelle de la CSN ».

Verdict : FBI.

François Léveillée
Parler dans le vide
Lorsque j'ai demandé à François de me raconter son pire moment en carrière, la réponse fut instantanée : le gala des Gémeaux. Au début des années 1990, il crée le personnage de Bob Cashflow, un homme d'affaires sans culture, un parvenu avec une vision plutôt étroite de la société. Ce numéro marche très fort, et Bob est invité un peu partout, comme au gala des Gémeaux – wow ! –, pour réchauffer la salle avant le début du gala – ouain.

Très peu enthousiasmé par l'offre, François se laisse néanmoins convaincre par son gérant de l'époque, lui-même parfois un peu Bob Cashflow, semble-t-il, qui lui jure que ce sera une bonne chose de se faire voir par tous les producteurs et autres big shots de la télé québécoise. Oui, tous les gros bonnets de la télé sont présents, mais leur attention, elle, n'y est pas, car l'ambiance qui règne juste avant un gala ressemble à ce qui se passe au kiosque du père Noël dans un centre d'achats ; des rires, des cris, des flashs d'appareils photo, de la nervosité, tous sont très excités à l'idée de recevoir des cadeaux, mais on sait qu'il n'y en aura pas pour tout le monde. Les animateurs de foule qui ont la sale job de donner les consignes avant le début du spectacle obtiennent normalement autant de succès qu'un vendeur de roses sur le parquet de la bourse de New York pendant un crash.

C'est ce qui est arrivé à Bob Cashflow qui, malgré le bordel ambiant, a fait les huit minutes prévues. En sortant de scène, il a retiré son micro sans fil, l'a lancé au bout de ses bras, a quitté le théâtre aussi vite que possible, a appelé son gérant pour lui crier que c'était la dernière fois, est rentré chez lui, est descendu au sous-sol, a débouché une bouteille de vin, a allumé la télé et a regardé *Vision Mondiale* en se disant : « Ouain, y en a des pires que moi. »

Le lendemain, François a reçu trois messages : la metteure en scène du gala qui lui dit que ça n'aurait pas dû arriver, un important producteur qui lui dit qu'il admire le courage dont il a fait preuve, et le réalisateur du gala qui lui dit que cela fait partie du métier. Ils ont tous les trois raison.

Verdict : FBI.

Josée Fortier
La commandite
Produire un gala coûte extrêmement cher. Contrairement à une série télé, où on peut amortir les coûts sur plusieurs épisodes, un gala est un événement de trois heures qu'on prépare pendant trois mois et dont plus personne ne parle après trois jours.

À moins qu'il s'y soit produit une gaffe majeure ; dans ce cas, vous profiterez d'une couverture médiatique privilégiée renouvelable tous les trois ans, avec un taux de faux scandale avantageux.

Le financement passe donc par l'association avec un important commanditaire, dans la mesure où ce qu'il demande en échange ne donne pas au gala l'allure d'une infopub de ShamWow, car réunir bon goût artistique et entente corporative n'est pas toujours évident. Inclure une voiture d'un modèle précis pendant un sketch pour donner de la visibilité au fabricant, faire tirer des voyages parmi les spectateurs présents pour faire plaisir à une agence, remettre un trophée à la suite d'un vote dans une rôtisserie ou une épicerie ; tout cela a été fait et a plutôt bien fonctionné, sans que personne n'y perde sa crédibilité en passant pour une gluante guidoune sans âme.

Josée a cependant dû stopper les élans du service des ventes lors d'un des nombreux galas des Gémeaux qu'elle a mis en scène. Une importante lunetterie offrait une généreuse commandite à l'événement, à condition que l'animateur ainsi que tous les présentateurs qui devaient monter sur scène pendant la soirée portent une paire de ses lunettes, et ce, qu'ils en aient besoin ou non. Personne n'étant intéressé à avoir une thématique Elton John-Harry Potter et à voir les gagnantes trop émues s'essuyer la lentille pendant leurs remerciements, la réponse fut un catégorique non. Dans ce cas-ci, l'erreur fut évitée.

Verdict : Quasi-FBI.

Gilles Latulippe
Problème de mémoire
Plusieurs grands acteurs ont de la difficulté à apprendre leurs textes par cœur et doivent trouver le moyen de cacher subtilement des bouts de dialogue un peu partout dans le décor. Un pourcentage assez élevé des stars de la chanson installent un télésouffleur sur la scène pour s'assurer de ne pas figer au beau milieu d'un vieux hit écrit il y a plus de 15 ans. Les premiers soirs de rodage d'un nouveau spectacle, plusieurs humoristes auront des feuilles sur la scène avec l'ordre des blagues, et même parfois le texte au grand complet. J'ai l'impression que même les curés dissimulent des bouts de phrases en latin sur l'autel, pour éviter de dire « vous pouvez vous embrasser » pendant des funérailles.

La peur d'oublier ce qu'on a à dire est au centre de la très répandue phobie de parler en public, et depuis toujours on cherche le truc parfait pour jouer « safe ». Monsieur Latulippe me raconte que, lors d'un gala diffusé en direct au Canal 10 (cette histoire date de quelques années), le chanteur Jen Roger devait interpréter une quelconque ballade tout en descendant un grand escalier en demi-lune. Ayant peur de sauter quelques couplets, il a l'idée d'en écrire des bribes sur la rampe de l'escalier, qu'il pourra au besoin consulter du coin de l'œil de façon naturelle et spontanée tout en gardant son élégance.

La répétition se déroule très bien, mais une fois celle-ci terminée, l'équipe technique entre toujours sur scène pour s'assurer que tout est parfait, et aussi pour bien nettoyer le plateau avant d'entrer en ondes. Les paroles sont donc effacées de la rampe à grands coups de guenille. Le gala débute, Jen Roger amorce la chanson avec assurance et descend les marches comme une princesse. Mais alors qu'il jette un coup d'œil furtif vers la rampe, sa pupille se dilate quand il constate que ses notes ont disparu, et tranquillement certaines paroles sont remplacées par des la-la-la-la-la ou par d'autres mots pas trop clairs, qui rendront cette interprétation unique et personnelle.

Verdict : FBI.

Les Grandes Gueules
Tu gagnes pas

Le grand défi de l'animation d'une soirée comme le gala Artis est de réussir à trouver une façon originale de présenter les catégories qui demeurent les mêmes, avec des nominations qui, elles non plus, parfois, ne changent pas d'une année à l'autre. On tente d'inclure les nommés dans un gag ou une quelconque cascade, mais pour avoir leur participation on doit d'abord les convaincre, tous et toutes, ainsi que leurs gérants, relationnistes, producteurs et patrons, que ce sera bon pour leur image. J'ai déjà essuyé un refus de la part d'un journaliste, car sa femme ne comprenait pas les blagues d'un sketch.

Puisque certaines de nos vedettes ne possèdent aucun sens de l'autodérision, on doit donc parfois passer par le chemin de la surprise, c'est-à-dire les inclure dans un numéro sans qu'elles le sachent et ainsi capter leur réaction en direct.

C'est dans ce genre d'entreprise risquée que les Grandes Gueules se sont aventurés pour l'édition 2010 du gala Artis. Afin de présenter la catégorie « Animateur-Animatrice d'émission de services », les gars ont l'idée d'une performance musicale western avec la princesse du yodle, Manon Bédard. Au lieu de simplement défiler les nominations pour en arriver au gagnant, Manon et les gars vont tout d'abord annoncer en direct les noms de ceux et celles qui ne gagnent pas, en yodlant. « Qui va gagner ? Ce n'est pas Claudine Desrochers you-di-lou you-di-lé you-hoo !!! Et ce n'est pas Mélanie Maynard non plus, you-di-di-lou you-di-di-lé you-hoo !!! », et ainsi de suite jusqu'à en arriver au gagnant, Gino Chouinard.

Les visages catastrophés de plusieurs artistes présents qui se ratatinent sur leur siège, ainsi que les perdants qui, tandis que leur cœur se déchire, ne savent trop s'ils doivent rire ou pleurer alors qu'ils ont la caméra à deux pouces du nez, envoient une drôle d'ambiance dans la salle.

Ce yodle de la honte, qui avait été préalablement approuvé par la direction de TVA, a été sévèrement critiqué au lendemain du gala par certains journalistes et plusieurs téléspectateurs. Certaines des nommées perdantes avaient elles aussi signifié avoir été blessées par cette douce ballade du loser.

Verdict : FBI.

François Morency
Tout pour faire parler
Comme plusieurs autres humoristes ou acteurs (Jean-Michel Anctil, Martin Petit, Michel Courtemanche, Claude Legault, Réal Bossé…), l'improvisation a été le début de tout pour moi. La Ligue universitaire d'improvisation de l'Université Laval marchait très fort dans les années 1980 : des foules de 500 personnes,

les parties diffusées à la télé communautaire de Québec, des matchs contre les étoiles de la LNI, des tournois à l'échelle nationale. Tout était là pour donner le goût d'aller plus loin.

Il nous arrivait de faire toutes sortes de promotions afin de répandre la réputation de la ligue. Une boutique de vêtements pour hommes, située dans un centre commercial, accepte une idée pour faire parler à la fois d'elle et de nous : avoir des joueurs de la ligue comme mannequins dans sa vitrine. Avec trois autres joueurs, j'ai passé un samedi après-midi complet dans la vitrine du magasin, habillé avec les vêtements qu'on y vendait, à tenir la pose comme des bonshommes en plastique. Au début, les passants n'y voyaient rien, pour finalement se regrouper devant nous en masse, attendant de nous voir cligner des yeux ou éternuer. Une affiche disait : « Venez voir nos mannequins improviser tous les vendredis soir à la LUI ».

À ce que je sache, on n'a pas vendu un satané billet de plus grâce à cela, et les profits de la boutique n'ont pas explosé non plus. Mais l'expérience m'aura permis de mieux comprendre comment se sentent les animaux au zoo. D'ailleurs, l'envie m'est venue de faire comme les singes ; baisser mes culottes et me gratifier charnellement pour le simple plaisir de voir les visages scandalisés des amateurs de lèche-vitrine.

Verdict : FBI.

Louise Richer
La petite fille

2006 est une année olympique, et pour la promotion amenant au gala Les Olivier, Louise et l'équipe de scripteurs décident de faire une publicité nous montrant l'animateur Martin Matte en patineur artistique. Pour jouer sur le côté détestable du personnage de scène de Martin, on le voit arriver au centre de la glace et saluer la foule, tandis qu'une petite fille lui apporte un bouquet de fleurs ; il prend alors les fleurs et pousse la fillette pour garder l'attention sur lui. Le deuxième niveau de ce gag n'a pas été perçu par quelques centaines de personnes, qui ont envoyé des plaintes agressives au diffuseur, TVA à l'époque. Celui-ci s'est empressé de retirer la publicité des ondes.

Lors du gala, Martin a expliqué la situation, et la petite comédienne est arrivée sur scène en béquilles, avec un faux plâtre sur la jambe, pour se venger, ce qui a créé un excellent moment de comédie.

Verdict : FBI remarquablement bien récupérée.

Jean-François Mercier
L'habit et le moine

Il arrive parfois qu'une blague qui fonctionne très bien arrête soudainement de faire effet. À l'occasion, c'est même un numéro en entier dont le potentiel comique disparaît dans le Triangle des Bermudes. Quelques raisons expliquent le phénomène. Ce peut être parce que la référence a mal vieilli ; faire en mars 2012 son vieux sketch sur la crise d'octobre 1970 est un peu risqué. L'élément « répétition » est aussi parfois coupable ; après qu'un humoriste a redit 275 fois le même texte, il est possible que la spontanéité n'y soit plus, un peu comme dans le cas des premiers « je t'aime » à l'être cher, qui explosent avec passion et fureur, mais qui, quelques années plus tard, se disent la bouche pleine de gomme balloune en partant la tondeuse.

Le syndrome de la deuxième fois est également un suspect potentiellement responsable de la date d'expiration des jokes. Quand un humoriste essaye un numéro pour la première fois, sa nervosité et sa volonté de ne pas se planter peuvent se transformer en énergie pure qui irradie la salle et rend le texte de loin meilleur que ce qu'il est réellement. La vérité est donc embellie pour un instant, un peu comme si on mettait du rouge à lèvres et une perruque blonde à un bulldog. (J'ai moi-même été fourvoyé à plus d'une reprise par le truc du rouge à lèvres.)

En début de carrière, Jean-François a vécu cette première fois « trop charmante » au Club Soda de Montréal. Il entre sur scène, portant uniquement un g-string en léopard, regarde la foule pendant un instant et dit : « J'arrive de voir le film *Tarzan*. J'ai ben aimé ça ! » Ce numéro, dans lequel il analyse le dilemme de Tarzan qui doit choisir entre une fille et une guenon, est un hit majeur.

Encouragé, il le refait une deuxième fois quelques semaines plus tard, au bar le Lucky Luke de Saint-Jérôme ; même début, même g-string, même première joke, mais absence totale de réaction. Après trois minutes de cruel silence, il décide de sortir de ce supplice et change totalement de sujet pour aller vers du stand-up plus conventionnel. Cependant, il porte toujours son g-string léopard.

Il apprend alors qu'on a beau faire semblant que tout va bien, qu'on est en contrôle de la situation, en demandant candidement : « Par applaudissements, combien parmi vous trouvent le système judiciaire tout croche ? », quand on ne porte qu'un g-string léopard, aussi beau soit-il, le contenu est plutôt dans l'ombre du contenant. Il y a des limites à ce que le charisme peut faire oublier. Malgré le proverbe, parfois, l'habit fait le moine ; surtout quand le moine, c'est ce que l'habit arrive à peine à cacher.

La situation dans laquelle Jean-François se trouve est vaudevillesque, le flop n'en est que dix fois pire, et c'est à cet instant précis, alors qu'il transpire de partout et que ça se voit, qu'il prend la décision d'abandonner définitivement la tenue de jungle. « Comme ça, la prochaine fois que je vais me planter, au moins j'aurai du linge. »

Verdict : FBI.

Quelques jeunes naïfs
L'humour des motards
Dans les années 1990, un groupe d'humoristes de la relève de l'époque faisait des soirées d'humour absurde/expérimental au

défunt bar Le Dogue de la rue Saint-Denis, à Montréal. Le noyau du groupe, composé de Mario Bélanger, Gary Bray, Sylvain Ouellet ainsi que du bruiteur DJ Pocket, avait créé les soirées Godzilla. Chaque semaine, pendant quatre ans, une thématique différente était affichée, toujours avec Godzilla comme point central : « Godzilla contre l'argent », « Godzilla contre les petits flocons de neige », « Godzilla contre Walt Disney », « Godzilla contre donne-nous tes organes ».

Alors que la ville est en pleine guerre des motards, les gars ont l'idée de faire une soirée intitulée « Godzilla contre les Rock Machine et autres fefis ». Le bar et ses environs sont placardés avec l'affiche et le titre du show. Dans la semaine précédant le spectacle, un des membres de la troupe, qui désire garder l'anonymat, se fait intercepter à la porte du bar par un charmant gaillard clairement identifié aux « Rock Machine et autres fefis ». En fait, il est beaucoup plus Rock Machine que fefi. En lui montrant l'arme qu'il porte à la ceinture, le rugueux personnage suggère poliment à l'humoriste d'enlever les affiches et de changer le titre du spectacle… Ce qui fut fait. Le show, dont le contenu ne traitait aucunement de son provocant thème, fut annulé.

Verdict : FBI.

Mario Jean
Mr. President

Contrairement aux galas, les one-man-shows sont rodés pendant plusieurs semaines afin que tout soit parfait, avant d'être présentés aux journalistes. Mais les erreurs, quoique moins médiatisées, n'en sont pas moins pénibles à vivre. En préparation pour son troisième one-man-show, Mario Jean se laisse convaincre par ses collaborateurs Benoît Pelletier et Daniel Thibault (il a insisté pour que je les nomme) de faire une parodie du président des États-Unis. Nous sommes en plein règne de George W. Bush, la controverse l'entourant inonde les médias de partout dans le monde, alors pourquoi ne pas traiter de certains sujets chauds tout en riant du douteux Texan? Plus ou moins convaincu au départ, Mario se laisse entraîner par l'enthousiasme des deux idéateurs, qu'il préfère dorénavant appeler « les deux guidounes sans cœur ».

Ils écrivent tous ensemble un texte, créent le personnage et répètent le tout afin de tester le concept à Coaticook pour une première fois, qui sera aussi la dernière.

Une voix le présente : « Mesdames et messieurs, le président des États-Unis. » Mario a un chapeau de cowboy sur la tête, un accent anglais et, surtout, aucune conviction. Il sent que ça ne marchera pas, n'y croit pas plus qu'au début du processus, tente de livrer quelques gags qui tombent à plat, si on exclut les rires de Pelletier et Thibault (qui ne rient pas des gags, mais plutôt de le voir mourir sur scène, car ils sont des guidounes sans cœur) et *that's it!* En moins de trois minutes, la centaine de spectateurs présents auront assisté à la naissance, à l'agonie et au décès d'un personnage.

Verdict : FBI.

Il n'est pas rare en humour de passer plusieurs dizaines d'heures sur quelque chose qui aura la longévité d'une allumette. La durée de vie d'un numéro ou même d'un seul gag qui fonctionne plus ou moins bien peut varier. Certains tirent la plogue très rapidement, d'autres, plus tenaces, s'attachent à leurs gags comme à une chemise que personne n'aime sauf celui qui la porte. Mais dans les deux cas, ils devront vivre avec le jugement des gens, car l'humour est la forme d'art la plus démocratique qui soit. Combien de fois j'ai assisté à des spectacles musicaux où le chanteur décide de nous imposer quelques chansons qu'il aime vraiment, alors que nous attendons patiemment les gros hits qui nous ont fait acheter un billet pour venir le voir et l'entendre? Pendant ce temps, nous regardons l'éclairage, prenons une bière et applaudissons poliment à la fin. Mais en humour, la foule est sollicitée presque toutes les 20 secondes, on ne peut perdre son attention pendant 10 minutes et espérer s'en tirer. D'où les rodages, qui nous indiquent quoi garder et quoi jeter aux poubelles. Le public a le dernier mot.

En fait, non. Le dernier mot appartient souvent aux collaborateurs, car voici un dernier point commun à toutes les FBI. Devant le fait accompli que c'est un échec et pendant que le pauvre animateur-humoriste transpire à grosses gouttes pour tenter de récupérer les choses sur la scène, la presque totalité des collaborateurs qui étaient présents au meeting, qui ont activement participé à la conception ainsi qu'à l'accouchement du flop en question, diront, tout en se bourrant la face dans le buffet gratuit: «Me semblait aussi que c'était ordinaire comme idée.» Quelle belle bande de guidounes sans cœur!

Lors du gala Les Olivier de 2001, je présentais un prix avec Laurent, que je connaissais à peine à l'époque. En sortant d'une répétition, il m'a dit, avec une réelle sincérité : « C'est beau ce que tu portes, François. » Il s'est ensuivi un malaise de quelques secondes qui nous a fait tous les deux éclater de rire. Sa remarque était sentie, et il désirait vraiment me faire une flatterie sur mes goûts vestimentaires. Mais on s'est rendu compte à quel point deux gars hétéros qui se connaissent peu ne peuvent se faire de compliments sur leur apparence physique sans évoquer un vague doute.

Très inspiré, j'ai écrit un sketch sur la question pour le gala JPR que j'animais quelques mois plus tard. Ce numéro, dans lequel Laurent vient m'interrompre pour me dire qu'il me trouve beau, bien habillé, que je bouge bien, et qui se termine par une danse et un baiser sur la bouche, toutes des choses que deux gars hétéros doivent faire pour se sentir normaux, selon Laurent, a marché très fort. Il y a eu une suite à ce numéro l'année suivante, et c'est même devenu un running gag : Laurent tente de m'embrasser toutes les fois qu'on se croise sur une scène. Le pire est que ça l'amuse vraiment de le faire, car il sait très bien que ça m'horripile et me lève le cœur. J'ai sincèrement hâte qu'il arrête. Je suis prêt à payer.

Une voix dans la nuit

Comme tant d'autres, mon ami Laurent a laissé sa trace dans quelques cimetières d'humoristes. L'un d'eux était l'émission *Louvain à la carte*, émission du midi à la télé de Radio-Canada dans les années 1990, enregistrée au centre commercial Place Laurier, à Québec.

Monsieur Louvain est une soie, mais tenter de faire rire dans un centre d'achats où l'on compétitionne avec des ventes de 50 % de rabais sur tout en magasin, les pitous du pet-shop et le kiosque du père Noël, devant des personnes âgées qui sont en semi-coma diabétique après avoir profité du spécial Duo deux boules pistache et pacanes de Laura Secord, et qui de toute façon n'ont d'yeux que pour Michel Louvain et d'oreilles pour personne, n'est vraiment pas évident. À peu près tous les comiques en sont sortis détruits. En bon animateur, monsieur Louvain tentait de les réconforter en disant : « Inquiète-toi pas, ça va bien sortir à la télé. » Ce qu'il aurait dû dire, c'est plutôt : « Ça va bien sortir à la télé si tu mets pas de son et que tu regardes un autre poste. »

Laurent a également laissé un peu de sa dignité dans un bar de Laval, dans les années 1996-1997. C'était une soirée d'humour de bar classique, comme il s'en fait tant : un animateur, deux invités qui font environ 10 minutes chacun, un invité principal qui fait 30 minutes, et un gars saoul. C'est presque à croire que le booking de ces soirées n'est pas complet tant que le gars en boisson qui va foutre le bordel n'est pas trouvé. Le crétin du jour ne s'était pas manifesté pendant la première moitié du spectacle, et on aurait pu espérer qu'il avait eu la bonne idée de rester chez lui pour boire en criant après le gars qui reçoit une motomarine entre les jambes à *Drôles de vidéos*. Malheureusement, non.

Alors qu'il s'exécute sur scène, Laurent commence à entendre des mots qui lui sont lancés sporadiquement, sans y trouver de sens particulier. Ainsi, à la fin d'une phrase, il entend : « Menteur ! »

Après la suivante: «Tapette!» Les mots se suivent ainsi dans une totale incohérence: «Cave!», «Charrue!!», «Marde!!!», un peu comme si dans le noir, devant lui, quelqu'un souffrant du syndrome de la Tourette perdait le contrôle. Mais une fois que les portiers du bar sont intervenus, les mots se sont transformés en courtes phrases: «Lâchez-moi!!», «J'ai le droit de m'exprimer!», «Non, je sortirai pas!», «Touchez-moi pas, gang de tapettes!» Sans voir quoi que ce soit, Laurent pouvait suivre l'action qui se déplaçait dans le noir jusqu'à la sortie, où les phrases se sont transformées en un bruit de corps qui déboule les marches, le tout encore une fois agrémenté de quelques mots doux: beding-bedang «Crisse» beding-bedang «tuer» beding-bedang «plotte». Le reste de la performance s'est déroulé dans le calme et la bonne humeur, mais notre homme est revenu en fin de soirée, cette fois avec une barre de métal à la main afin de prendre sa revanche sur les portiers.

La partie humoristique de l'histoire se termine ici. Pour la suite, il faudra attendre la sortie du livre de Claude Poirier.

Cette anecdote de Laurent m'amène à traiter d'un sujet indissociable des histoires d'horreur en humour: se faire crier des bêtises.

LES HECKLERS

Le stand-up comic est un art typiquement américain, raison pour laquelle le vocabulaire utilisé pour en décrire les différentes facettes est essentiellement en anglais. Un des termes de ce lexique, que tous les humoristes connaissent, est *heckler*.

Traduit en français, le verbe *to heckle* signifie : « interrompre bruyamment, harceler, crier pour déranger, interpeller, chahuter ». Donc, un *heckler* est simplement un maudit fatigant qui dérange l'humoriste et le public en criant pendant le spectacle.

Il est IMPOSSIBLE de faire carrière sans avoir eu à négocier avec ce genre d'individu à au moins quelques reprises. Évidemment, au moment des débuts dans les bars, c'est chose commune, tout comme dans certaines soirées corporatives où l'alcool gratuit coule à flots. Mais même le prestige d'endroits chics tels que la Place-des-Arts ou le Grand Théâtre de Québec ne peut garantir une protection face à ces petites bêtes. Quelles sont leurs motivations ? Ça peut évidemment être l'alcool, le besoin de se prouver, un manque d'affection, des organes génitaux vraiment plus petits que la moyenne, ou toute autre cause que seul le Doc Mailloux pourrait analyser avec précision.

Il est très important ici de faire une nuance entre le tannant qui ruine la soirée de tous et celui qui manifeste simplement son enthousiasme ou qui répond à l'humoriste qui sollicite la foule en lui posant une question. Il m'est très souvent arrivé de faire de très belles improvisations grâce aux interventions d'un public généreux. Mais les remarques d'un *heckler* vont normalement provoquer un malaise généralisé, suivi d'une réplique assassine du comique qui doit garder le contrôle de sa salle pour le bien du show, et par respect pour ceux et celles qui ont payé pour entendre un spectacle et non pas pour assister à une thérapie.

Les quatre prochaines histoires vous amènent dans les catacombes de la relation humoriste-public.

Patrick Groulx
Perdre le contrôle

Vieux Clocher de Magog, été 2004. Patrick présente son premier one-man-show, qui débute avec un numéro ayant pour titre *La vie est belle,* dans lequel il énumère des raisons d'être heureux, comme le ferait un jovialiste. Le show n'est donc vieux que d'à peine deux minutes lorsqu'il dit : « La vie est belle », et qu'au fond de la salle un homme hurle : « Moins que ta mère !! »

Lorsqu'un spectateur crie des bêtises, c'est rarement en début de spectacle, rarement de façon aussi gratuite et agressive, et surtout très rarement en insultant la mère de l'humoriste, et ce, peu importe la beauté de cette dernière. C'est donc avec une légère stupéfaction que Patrick demande : « Quoi ? » Et notre sympathique ami de répondre :

« La vie est belle, mais moins que ta mère, tabarnak !

– Mais qu'est-ce que ma mère a à voir là-dedans, crétin ? »

Un échange va suivre pendant lequel Patrick utilisera quelques phrases d'usage, dont vous verrez la liste plus loin dans le livre, qui ont pour but de calmer la bête tout en faisant rigoler la salle. Le deuxième but est atteint, car le public s'amuse, mais le premier est raté, car le Cro-Magnon poursuivra sur sa lancée avec des « Tu te trouves drôle, esti d'niaiseux ! T'es juste un cave pas drôle ! » et autres élans de tendresse. Visiblement, il s'est déplacé pour haïr Patrick publiquement, et il n'a pas l'intention de changer son opinion.

Ayant épuisé toutes ses ressources dans la catégorie «sympathique mais direct», Patrick dira : «Écoute, je sais pas pourquoi t'es si agressif, mais on va repartir à zéro, ok?» Mais cette approche humaine à la Claire Lamarche ne fonctionne pas non plus, et notre fâché du jour repart de plus belle : «Bla-bla-bla, t'intéresses personne!» Se sentant agressé comme l'employé d'un magasin d'électronique qui ouvre ses portes au Boxing Day, Patrick ira avec l'ultime : «Ta yeule! Ferme ta yeule!» Ce à quoi il se fait répondre : «Viens donc me la fermer, ma yeule!»

C'est dans ce genre de situation qu'un homme dira que les fils se sont touchés. Patrick descend dans la salle. Une partie de son cerveau sait qu'il ne devrait pas, qu'il perd la carte, que ce qu'il fait n'est pas professionnel, mais l'autre partie, malheureusement celle qui contrôle sa bouche, lui fait demander d'allumer les lumières du Vieux Clocher pour chasser le trouble-fête, en criant : «Y est où, c't'esti de cave-là?!» C'est finalement Bernard Caza, le légendaire grand patron du Vieux Clocher, qui lui-même, avec l'aide du portier, expulsera le pas si joyeux troubadour de son établissement en le prenant au collet.

Avec presque huit ans de recul, Patrick reconnaît avoir perdu totalement le contrôle pendant ces quelques minutes en 2004. Il se souvient aussi de l'immense froid qui régnait dans la salle lorsqu'il est remonté sur scène. Il n'était qu'en début de show, avec encore 90 minutes d'humour à faire et une salle à reconquérir. Il a marché en silence quelques secondes, s'est excusé, a bu un peu d'eau, repris ses sens, s'est collé un sourire au visage et a dit : «La vie est belle!»

Martin Petit
Avaler la pilule

Martin a toujours eu la philosophie *the show must go on*; on respecte ses engagements, on se débrouille avec les conditions difficiles et on fait la job, peu importe les circonstances. Sauf une fois.

Pendant la tournée de son spectacle *Humour libre,* il accepte de donner un spectacle corporatif pour une compagnie pharmaceutique. La salle de l'hôtel, chic et bien disposée, contient deux scènes. Une qui lui est destinée, et l'autre où on installe un groupe musical formé exclusivement d'employés de la compagnie ayant pour mandat de « rocker le payroll ». À cause de la notoriété de Martin, les organisateurs l'ont gardé pour la fin, après le groupe de musiciens amateurs. Le problème ici, c'est que les amateurs sont de plus grosses vedettes que lui au sein de la compagnie, ils jouent devant leurs collègues et amis, et mettent le feu dans la place en livrant un 30 minutes de gros hits.

Sauf en de rares exceptions, la musique doit toujours passer après l'humour, car elle a ce pouvoir enivrant et rassembleur qui permet d'installer une ambiance de party que l'humour peut difficilement égaler, encore moins dépasser. Les filles grimpent rarement sur leurs chaises pour lancer leur brassière à un humoriste pendant un numéro sur le système de santé. Personnellement, ça ne m'est jamais arrivé. Placer le groupe rock avant l'humoriste, c'est comme manger la crème brûlée avant le steak; le steak n'en devient pas de moins bonne qualité, mais une fois qu'on a un goût de sucré dans la bouche, la sauce au poivre passe un peu moins bien.

Donc, Martin le steak se présente sur scène alors que la salle entière a un rush de sucre et est dans un état de frénésie totale. L'image ressemble à celle d'un bal de graduation combiné à un rave. Martin tente d'installer son rythme, de faire passer son matériel et de calmer la foule surexcitée pour l'amener en mode « on écoute des textes », mais ça ne fonctionne pas. C'est un peu comme s'il demandait un moment de silence dans un bar le 1er janvier à minuit une, alors que les corps se roulent dans les confettis.

Après dix minutes de jokes qui n'ont aucun effet sur cette ambiance de parade de la coupe Stanley, un homme assis juste devant la scène, qui est dans un état second, se lève et tente d'enfiler son veston. Le pauvre bougre ne se rend pas compte que son veston est à l'envers avec la manche qui pend vers le bas, pendant que lui tente d'y insérer le bras en l'envoyant vers le haut. Le tout a l'air d'un sketch d'Olivier Guimond. Martin, à la fois pour aider l'homme et en profiter pour connecter avec la foule, tire le veston vers le haut pour l'aider. La boisson agit différemment sur les humains ; certains s'endorment la face dans le bol à punch, d'autres parlent avec les objets, d'autres encore deviennent affectueux et embrassent tout ce qui bouge, et certains deviennent très agressifs. C'est le cas de ce M. Bean de la pilule, qui réagit très mal au fait que Martin ose le toucher. L'homme tire sur son veston, jette un regard de haine à Martin, monte sur la scène et fonce sur l'humoriste qui se sauve en coulisses.

Alors qu'il se fraie un chemin dans les cuisines de l'hôtel pour retourner à sa chambre, Martin laisse aller la pression et se parle à lui-même. Puisque son micro est encore ouvert, toute la salle l'entend dire : « Non, là, y a des limites, c'est pas vrai tabarnak que je vais me faire agresser en spectacle… » Pendant ce temps dans la salle, l'enragé au veston tout croche se fait calmer par ses collègues, les responsables de la soirée discutent avec le technicien accompagnateur de Martin et ils quittent tous ensemble pour aller tenter de le convaincre de revenir. Son point de vue sur le sujet est très clair : « Humoriste est la seule job où on tente de faire passer une tentative d'agression comme banale. Dans n'importe quelle autre profession, les choses se seraient déroulées autrement. Si un client enragé fonce sur une dentiste ou un commis de magasin qui doit se sauver, on lui dit de retourner à la maison pour la journée et on appelle la police. Dans le cas d'un humoriste, c'est plutôt : "Oublie ça, c'est correct, on a parlé au gars, reviens nous faire rire." »

Malgré les arguments et les supplications, Martin n'est jamais retourné sur scène, et ce soir-là *the show did not go on*. Dommage, car soudainement la salle était très silencieuse et attentive.

Jean-François Mercier
Baisse de salaire

Toutes les grandes carrières doivent bien débuter quelque part. Dans le cas de Jean-François, ce quelque part est le restaurant Giorgio de Saint-Eustache, où il est invité dans une soirée d'humour animée par Dominic Sillon. Il y présente un numéro dans lequel il incarne un faux magicien-prestidigitateur aux pouvoirs inutiles, tel que lire dans ses propres pensées. La foule, plutôt hostile au départ, n'apprécie pas et le lui fait sentir.

« Attention, mesdames messieurs, je lis présentement dans mes propres pensées, et je peux voir que…

– Que t'aurais dû rester chez vous, maudit pas de talent !!! »

Contrairement à la majorité des histoires de *hecklers*, celle-ci n'implique pas qu'un seul tannant, mais bien la totalité des spectateurs qui lui crient les pires bêtises au monde : « Va-t'en ! », « Pourri ! », « Fais-toi donc disparaître toi-même ! ».

Voulant respecter la commande de 20 minutes qui lui a été passée, Jean-François termine sans répliquer une seule fois aux nombreuses insultes. C'était bien avant l'arrivée du personnage du Gros Cave, qui aujourd'hui, on s'en doute, aurait rendu la monnaie, avec intérêts, aux différentes attaques.

À la fin de la soirée, alors que le propriétaire remet les cachets aux artistes, Jean-François attend patiemment le 75 dollars qui lui a été promis.

« Qu'est-ce que tu veux, toi ?

– Euh, mon argent.

– Tu penses vraiment que tu mérites d'être payé après la marde que tu viens de faire ?

– Ben… J'ai fait mon 20 minutes.

– Tiens, v'là 25 piastres. Compte-toi chanceux d'avoir quelque chose. »

François Morency
L'appel de menaces

Les désagréables ne se manifestent pas uniquement dans les salles de spectacle. En fait, les pires procèdent d'une manière beaucoup plus insidieuse. Certains passent de fatigant à harcelant, voire dangereux et criminel.

Dans cette prochaine anecdote, que je n'ai jamais racontée à qui que ce soit avant de décider de l'inclure dans ce livre, il n'y aura pas beaucoup de rires. Mais puisque je demande à mes collègues de s'ouvrir en me dévoilant leurs pires histoires, il faut bien, en toute honnêteté, que je vous raconte la mienne.

Donc, afin de compenser ce manque de drôlerie et de combler vos attentes, voici une excellente blague de Roméo Pérusse, légendaire raconteur de jokes :

C'est l'histoire du gars qui va chez le docteur. Le docteur lui dit : « Il te reste juste deux semaines à vivre. » Le gars lui répond : « J'vas prendre les deux dernières de juillet. »

Doum-Doum-Tish !

Maintenant que vous avez perdu tout le sodium de votre corps par vos larmes d'éclats de joie, nous allons conclure ce bloc avec un événement qui, encore aujourd'hui, avec 12 ans de recul, me rend mal à l'aise. Mais il vaut la peine d'être raconté, car il permet de traiter d'un aspect du métier qui est bien réel.

Pensez à une personne connue ; humoriste, chanteuse, comédienne, journaliste, animatrice, que ce soit du Québec ou d'ailleurs. Dites-vous que cette personne est détestée par certains individus. Il n'y a personne que tout le monde aime. Personne. Tout comme il n'y a personne que tout le monde déteste. À part la marâtre dans *Aurore l'enfant martyre*. Ou les gars qui fixent les prix de l'essence et qui nous fourrent à longueur d'année. Ou Marie-Josée Thivierge, qui m'a brisé le cœur quand j'avais 15 ans. Bref, je déteste plusieurs personnes, mais là n'est pas la question.

Ce que j'essaie de dire, c'est que l'unanimité est un concept tout à fait utopique. Donc, lorsque la célébrité et le succès arrivent, ce n'est qu'une question de temps avant que des commentaires haineux se pointent aussi. L'équation est simple : plus y en a qui t'aiment, plus y en a qui t'aiment pas. C'est facile à comprendre, mais moins facile à accepter. Surtout quand les commentaires dépassent le professionnel pour tomber dans le personnel, la diffamation ou même la menace. À cet égard, Internet a eu un effet assez spectaculaire. L'anonymat confortable que confère un courriel écrit sous pseudonyme va rendre certains individus très courageux. Jusqu'à ce qu'on les confronte en personne. Alors ils fondent comme neige au soleil.

Lorsqu'on a commencé *Midi Morency* à CKOI en 1999, j'amorçais chaque journée en écoutant les messages sur la boîte vocale de l'émission. On y recevait des suggestions de sketchs, des idées variées, des commentaires, etc. Un matin d'automne, un gars me laisse le message suivant : « Hey, Morency. Comment vas-tu ? Profite de ta santé, car bientôt tu vas saigner. Oui ! Et c'est moi qui vais m'occuper de toi. »

Au départ, j'ai cru à une tentative de gag ou à un canular d'un collègue de la radio. Mais après le quatrième jour consécutif de déclarations du genre par le même type, j'ai compris que la rigolade n'était pas l'effet recherché par ce sympathique personnage.

Comme tout le monde dans la vie, j'ai des doutes, des faiblesses, des peurs, des démons, mais les gens qui me connaissent bien savent une chose : les menaces et le chantage ne fonctionnent pas vraiment avec moi. Je respecte l'intelligence, j'admire le talent, je suis ému devant la fragilité, j'accepte la hiérarchie, j'écoute les arguments, je donne raison, je change d'idée et je concède du terrain ; mais je ne ferai jamais rien de cela par crainte ou à la suite d'intimidation. Cela étant dit, ces messages répétés, qui devenaient de plus en plus longs et violents, commençaient à miner mon moral. Je regardais toujours autour de moi quand je marchais dans la rue et j'interprétais les regards de certains passants.

Les gens qui font des menaces anonymes ont tous deux points en commun : ils sont peureux et peu intelligents. Notre ami ici m'en donna une autre preuve. Pendant la semaine où je recevais ces messages, nous avions un gros concours en ondes à *Midi Morency*. C'était tellement populaire que, pendant les pauses, je devais aider le recherchiste à prendre les appels. Un jour, je décroche, et qui me parle ? Le gars des menaces. Je reconnais sa voix, j'en suis persuadé. Puisque c'est un concours, je lui demande son nom et son numéro de téléphone. Il me les donne. Nous faisons quelques vérifications le lendemain, et il s'avère qu'il s'agit effectivement du gorlot en question.

Avec ces informations en main, et sur la recommandation de quelques personnes, j'explique le cas à un policier et lui fais entendre les messages. Il me confirme qu'il y a matière à poursuite. Mais je décide de régler le tout moi-même. Je ne dis pas que cette façon de faire est la meilleure, ni la plus intelligente. Mais disons simplement que c'était la mienne.

Une fois que vous avez le nom et le numéro de téléphone d'une personne, il est assez simple, avec quelques contacts, d'en arriver à connaître son adresse personnelle, et à partir de là d'obtenir d'autres détails, comme son lieu de travail. J'apprends donc que mon fan numéro un travaille dans une boutique d'électronique située dans un centre commercial de la grande région de Montréal. Puisque les messages de menaces durent toujours, je décide de m'y rendre.

En entrant dans le commerce, je demande si (nom du gars) est présent. On m'indique qu'il est au fond avec une cliente. Je me dirige vers lui et, en chemin, je prends une boîte contenant un nouveau modèle de téléphone sans fil. Une fois qu'il termine avec la dame, il se retourne et me voit. Il fige, avale, focusse ses pupilles dilatées. Voici notre discussion :

« Bonjour, c'est vous, (prénom du gars) ?

– Oui…

– On m'a dit que vous êtes l'expert en téléphones.

– …

– J'aimerais avoir des informations sur ce modèle-ci.

– Oui…

– Est-ce que c'est compatible avec tous les types de répondeurs et boîtes vocales ?

– Oui…

– Alors je vais le prendre ! »

Nous nous dirigeons vers la caisse.

« Est-ce que c'est possible d'avoir une garantie prolongée pour ça ?

– Oui…

– Je vais en prendre une.

– Mais il faudrait que j'ouvre un dossier avec vos coordonnées.

– Pas de problème ! Alors, mon nom est François Morency. »

Il pitonne et demande : « Votre adresse et numéro de téléphone ? »

À ce moment, je lui donne SON adresse et SON numéro de téléphone, que j'avais appris par cœur.

Il lève les yeux de l'ordinateur. Son visage prend simultanément toutes les couleurs de la palette de Benjamin Moore. Il dit : « Pardon ? » Je répète son adresse et son numéro de téléphone. Quelques secondes de silence suivent, après lesquelles j'enchaîne :

« Sais-tu quoi, je le prendrai pas tout de suite, le téléphone. C'est que, vois-tu, j'ai un problème avec le mien ; je reçois parfois des bizarres de messages. Je vais attendre de voir si ça arrête ou pas. Si ça continue, je vais revenir. On se comprend ?

– Oui. »

J'étais heureux qu'il comprenne rapidement. Je me voyais mal revenir le lendemain pour lui expliquer les choses clairement avec un graphique et un théâtre de marionnettes.

Je n'éprouve ni fierté ni honte à avoir agi de la sorte. J'ai agi, c'est tout.

Je n'ai jamais revu le gars, jamais eu de ses nouvelles, ne sais pas ce qu'il est devenu. Car deux choses se sont produites après ma visite : les messages de menaces ont cessé et, ce qui me réjouit le plus, c'est qu'il n'a pas gagné le concours radiophonique.

Ne voulant pas vous laisser sur ce ton plutôt maussade, voici une autre blague de monsieur Roméo Pérusse :

Un gars dit à sa femme : « Va fermer la fenêtre, il mouille dehors. »

Et sa femme de rétorquer : « J'ai fermé la fenêtre, mais il mouille encore dehors. »

Doum-Doum-Tish !

Ah ! Vive les facéties ! (Eh oui ! Une autre fois !)

Défoulement de groupe
Comment faire taire un tannant ?

Comme vous l'avez constaté avec les précédentes fables du malaise, dans ce match qui se déroule en spectacle avec l'agent provocateur, l'humoriste est à la fois joueur et arbitre. Il doit jouer sa partie et faire son travail, mais il est aussi responsable de la soirée et doit avoir le jugement nécessaire pour savoir quand et comment il est temps d'intervenir. Le but à atteindre est donc de faire taire l'escogriffe sans aggraver davantage le malaise, tout en faisant rire les autres spectateurs. Pour y arriver, la plupart des comiques traînent avec eux en spectacle un fusil à répliques, chargé de quelques réparties spécialement conçues pour clouer le bec des trouble-fête de calibre olympique.

Voici un top 20 des réponses classiques que j'ai eu l'occasion d'utiliser ou d'entendre de mes collègues au fil des ans.

(À noter que ces phrases ne sont employées qu'en cas d'extrême nécessité. Si vous n'êtes pas un professionnel, veuillez ne pas les utiliser, vous pourriez vous blesser. Sans compter les dommages irréparables causés aux autres, si jamais l'idée vous venait de lâcher une de ces contre-attaques vénéneuses lors d'une soirée Tupperware trop mouvementée ou d'un baptême turbulent.)

N° 20- Toi, quand tu vas au cinéma, est-ce que tu parles avec l'écran?

N° 19- Incroyable! Cinquante millions de spermatozoïdes, et c'est lui qui a survécu!

N° 18- Moi aussi, j'me souviens de ma première brosse.

N° 17- Y a pas une loi, ici, qui les oblige à être en laisse?

N° 16- Lui, quand ils l'ont circoncis, y ont jeté le mauvais boutte.

N° 15- Si mon chien avait ta face, j'lui raserais le cul et je le promènerais à reculons.

N° 14- La différence entre ta bouche et une bouche d'égout: le couvercle.

N° 13- Avoir su que t'allais crier comme un cave, tu te serais brossé les dents!

N° 12- Excuse, tu me déranges pendant que je travaille. Qu'est-ce que tu dirais si j'allais te déranger pendant que tu danses aux tables?

N° 11- Mais pendant que t'es ici, au village qui joue le rôle de l'idiot?

N° 10- Si ta mère avait eu du change pour un dix piastres, j'aurais pu être ton père!

N° 9- Moi, j'suis pas dans ta famille, j'suis pas obligé d'écouter tes niaiseries pour être poli.

N° 8- Me semble que j'ai déjà vu ta face sur une affiche pour la contraception.

N° 7- Pourriez-vous lui amener un scotch? Un scotch-tape, pour lui mettre sur la yeule.

N° 6- Es-tu venu seul ou si tu fais honte à quelqu'un présentement?

Nᵒ 5- Quel est ton nom ? Gilles Côté. Donnez généreusement à la Fondation Gilles Côté !

Nᵒ 4- La différence entre ta bouche et un parachute ? Un parachute, on est content quand il s'ouvre.

Nᵒ 3- Si tes parents divorcent, est-ce qu'ils vont être encore frère et sœur ?

Nᵒ 2- Arrête de me déranger ; il faut que je travaille si je veux payer ton BS.

Nᵒ 1- On va jouer à un jeu, ça s'appelle « Ferme ta yeuuuuuule ».

En terminant, notez qu'il y a pire que le maudit fatigant : la maudite fatigante. Une fille dérangeante et/ou saoule est encore plus incontrôlable que ne l'est un gars, principalement parce que la foule acceptera que l'humoriste soit direct, bête et agressif avec un gars, pas mal moins avec une fille. Donc, les phrases mentionnées précédemment sont moins utiles avec les dames. Il faut simplement être patient et espérer qu'elles s'endorment.

Le festival de la confusion
(Deuxième partie)

◆ Alors que la folie Jean-Marc Parent frappe en 1994, Mario
Jean est invité par JMP lui-même à le voir en spectacle au
Forum de Montréal. Mario se dirige en coulisses avant le
show, avec sa passe VIP dans le cou, et croise un couple de
fans de JMP. En le voyant, l'homme lui dit :

« Eille, Jean-Marc !!!

– … J'suis pas Jean-Marc !

– Ha ! Ha ! Es-tu nerveux ?

– J'suis pas Jean-Marc, tu te trompes.

– Ha ! Ha ! Cré Jean-Marc !

– Regarde ! J'ai une photo de Jean-Marc sur ma passe, tu
vois ben que c'est pas moi.

– Ha ! Ha ! Bon show, Jean-Marc ! »

◆ Au milieu des années 1980, Michel Barrette, dans son personnage de Hi-Ha Tremblay, participe au quiz *Galaxie*. Cette
émission, une des 700 qu'a animées Réal Giguère à Télé-
Métropole, oppose deux concurrents qui sont jumelés à cinq
personnalités.

Monsieur Giguère pose des questions aux vedettes, et les
concurrents doivent simplement dire si celles-ci ont raison
ou tort. Malgré le costume et l'absence de dents, Michel, un
passionné d'histoire, répond très sérieusement et correctement à toutes les questions. Mais les concurrents ne lui
accordent aucune crédibilité ; ils voteront contre son jugement pendant toute la durée de l'émission, présumant que
Hi-Ha est un inculte crétin.

- À cause de son nom de famille, Stéphane Fallu a entendu toutes les blagues et tous les jeux de mots poches de la terre, et ce, avant l'âge de 7 ans. Son nom a même intimidé une animatrice de spectacle amateur qui craignait de se tromper en disant « phallus ». C'est donc avec une totale absence d'assurance qu'elle a dit : « Mesdames et messieurs, accueillez Stéphane Péni... euh... Fallu... pas Péni. Euh ! Stéphane ! »

- Lors d'une entrevue avec Michel Jasmin, Cathy Gauthier est accompagnée de sa metteure en scène et marraine officielle, Dominique Michel. Monsieur Jasmin, faisant presque comme si Cathy n'y était pas, demande à Dodo : « Comment une femme comme vous peut s'associer à des propos aussi vulgaires ? » Ce à quoi Dodo répond : « Moi aussi, il m'arrive de dire crisse ou tabarnak. »

- Il y a de cela quelques années, Jean-François Mercier a quelques fois interprété une perruche en spectacle. Le costume étant très réaliste, un micro-casque était nécessaire afin de lui permettre de garder ses bras collés au corps. Lorsqu'il en demande un au technicien d'un bar quelconque où il doit se produire, il se fait répondre : « Un micro-casque ??? ... Ben, j'ai un micro, une calotte pis du tape. On devrait pouvoir patenter quelque chose... »

  Ce soir-là, la perruche a trouvé le moyen de tenir son micro dans ses ailes.

- Alors qu'il est en tournée avec son spectacle *Humour libre,* Martin Petit rencontre un journaliste de la région de Lanaudière. Il vient de remporter des trophées au gala Les Olivier et s'attend à parler de son spectacle, mais l'entrevue prend une autre tournure.

  « Est-ce que tu joues de la guitare ?

  – Non.

– As-tu déjà pensé jouer de la guitare ?

– Pas vraiment.

– C'est bizarre.

– J'ai un frère, Richard, qui est musicien, peut-être que tu mélanges.

– Donc, la guitare ne t'intéresse pas.

– J'ai rien contre la guitare. »

Martin n'a jamais vu le résultat de l'entrevue, et il se demande vraiment de quoi il était question dans l'article.

« J'ai eu l'impression de parler pendant dix minutes avec un gars qui voulait me vendre des cours de guitare. »

COURTEMANCHE
michel

Michel est le comique le plus talentueux que j'ai vu de ma vie. Son aisance en stand-up, sa maîtrise de l'impro et son jeu physique d'une précision chirurgicale font de lui un diamant brut. Malheureusement il a appris, à la dure, que la scène n'est pas pour lui. Comme il l'avoue lui-même, le talent est tombé sur la mauvaise personne. C'est un peu comme si Picasso avait dit : « *Fuck* la peinture, j'haïs ça, les couleurs ! »

Aujourd'hui sobre et bien dans sa peau, c'est principalement en tant que metteur en scène et réalisateur qu'il fait profiter les autres de son instinct humoristique. Sa trop courte mais fulgurante carrière sur les planches a été riche en expériences « ordinaires », et ce, des deux côtés de l'Atlantique.

À chacune de mes rencontres avec lui, nous faisons une improvisation chantée que personne ne peut comprendre, même pas nous deux. C'est du pur déconnage. Il suffit que je l'allume avec quelques niaiseries pour que la bête de scène en lui ressorte. Mais il suffit de parler d'un éventuel retour sur les planches pour qu'il perde instantanément son sourire en disant : « Jamais ! » Participer à des sketchs préenregistrés où l'on peut se reprendre dix fois si nécessaire, comme il le fait au *Bye Bye*, est pour lui un grand plaisir. Mais devoir affronter une foule, la séduire sans pouvoir crier : « Coupez, on recommence », ce n'est plus une option. Et tout cela est la faute de Fernand Gignac.

Pour une dernière fois

On a souvent entendu l'histoire cliché du clown triste, de la star qui obtient tout ce qu'elle voulait trop vite pour finalement s'apercevoir que, dans le fond, elle souhaite totalement l'opposé. Ici on ne parle pas de cliché ; il s'agit de la bio résumée de Courtemanche. Plusieurs épisodes de panique ont meublé sa carrière. Il y a eu la première de son deuxième one-man-show à Sherbrooke, alors que son metteur en scène, Émile Gaudreault, a dû stopper une crise d'angoisse durant laquelle Michel tentait d'arracher le comptoir de la loge. Le désormais célèbre show improvisé du Festival Juste pour rire de 1997, auquel il a mis un terme après une quarantaine de minutes, avait été largement médiatisé.

Mais la véritable dernière performance de Michel sur une scène a eu lieu en 2002, au gala Les Olivier. L'année précédente, à ce même gala, il avait volé le show alors qu'il présentait un prix en imitant Jean Chrétien. Afin de combattre le stress, en coulisses et pendant toute la fin de semaine du gala, il parlait à tout le monde en Chrétien ; en fait, il parlait comme un gars qui a la bouche croche et qui vient de prendre 247 cafés en ligne. Après ce succès, c'est en Fernand Gignac qu'il est revenu l'année suivante, mais avec un résultat très différent. Assis dans la salle, je me souviens encore d'avoir entendu une voix annoncer : « Mesdames messieurs, accueillez Fernand Gignac ! » Alors entre, poussé sur un diable de déménagement, un gars que personne ne reconnaît déguisé en Fernand Gignac. Michel peut encore très clairement décrire ce moment où, voyant tous nos visages perplexes, il s'est rendu compte que ce serait un flop total et que s'amorçait un très, très long cinq minutes. Lorsqu'il était en Jean Chrétien l'année précédente, nous savions tous que c'était Courtemanche qui faisait un Chrétien fou furieux, c'est ce qui était drôle. Tandis que cette fois-ci, le maquillage était tellement parfait qu'on ne voyait qu'une chose : un mauvais faux Fernand Gignac joué par on ne sait trop qui.

La confiance sur scène est essentielle et extrêmement fragile ; deux caractéristiques qui vont très mal ensemble. La moindre seconde de doute amène l'humoriste à ne pas appuyer ses gags, à accélérer le rythme, à oublier son texte, à sauter des grands bouts, à rendre le public mal à l'aise, à rapetisser sur scène, à complètement disparaître, à se péter la gueule. N'importe quel comique qui se plante devant ses pairs, les journalistes et deux millions de téléspectateurs se sent complètement détruit. Dans le cas de Michel, avec son passé trouble de *performer* angoissé, c'en était trop. Mais ce n'était pas tout, car, pendant la pause commerciale qui a suivi, il devait se déguiser en Asiatique afin de participer à un sketch *Génies en herbe* rendant hommage à RBO. Louise Richer, qui faisait la mise en scène du gala, se rappelle avoir dû aider Michel à se costumer, car il était totalement pétrifié, assommé par ce qui venait de se passer. Il dit lui-même avoir eu les yeux rivés sur ses feuilles de texte, qu'il avait apportées sur scène, pour les lire machinalement pendant l'hommage.

Le bon côté de cette histoire est qu'au lendemain du gala, les critiques ne parlaient pas de Michel. Pas un mot. Personne ne l'avait reconnu. On disait simplement : « Un sketch de Fernand Gignac a fait patate. »

Fais-moi rire !

Le public se demande souvent comment un humoriste peut faire son travail quand ça ne va pas ; lorsqu'il a une grippe, une peine d'amour, une mauvaise nouvelle ou, dans ce cas-ci, envie de se suicider.

Alors qu'il est en tournée dans le nord de la France et au sommet de sa gloire, Michel a le forfait complet : fatigue mentale et physique, dépression, burn-out et idées suicidaires. Son épouse de l'époque arrive dans la chambre d'hôtel et le retrouve dans un état plus qu'alarmant; il songe à mettre son plan fatal à exécution. Elle appelle les services d'urgence qui l'informent qu'il n'y a pas d'ambulance le week-end. (Tenez-vous-le pour dit: si vous avez l'intention de vous casser un bras en roller-blades dans le nord de la France, faudrait faire ça au plus tard le vendredi vers 16 h.) Ce sont donc les pompiers qui viennent chercher Michel afin de l'amener d'urgence au service de psychiatrie. En voyant leur célèbre client, les pompiers deviennent très excités et demandent des autographes à Courtemanche; le gars songe à mettre fin à ses jours parce qu'il en a assez de sa vie de star, et ses sauveurs lui demandent de signer leurs casques!

Une fois arrivés, on le garde pour la nuit, on lui donne son congé le lendemain, on lui injecte 3 cc de valium et on le pousse sur scène pour qu'il fasse son spectacle. Donc, à la question de départ: «Comment l'humoriste fait-il lorsqu'il ne va vraiment pas?», la réponse est: 3 cc de valium.

Martin et son minuscule comparse Dominic Sillon (qu'il utilise parfois comme porte-clefs) forment un duo comique d'une grande efficacité. Mais c'est quand il travaillait encore en solo, en 1994, que j'ai rencontré Martin lors d'un spectacle à Louiseville. J'avais à l'époque un numéro dans lequel j'établissais un parallèle entre un spectacle d'humour et un concert rock, disant entre autres que, dans les shows rock, les gens allument leurs briquets en signe d'appréciation. Je demandais à la foule d'en faire autant pendant mon numéro. C'est pourquoi je sollicite un gars assis à la première rangée, en lui disant : « Toi, t'as l'air du pusher du coin, t'as sûrement ça, un briquet. » Effectivement, il avait un briquet. Et effectivement, c'était le pusher du coin.

La réaction de la foule a été spectaculaire. Puisque Martin est originaire des environs de Louiseville et qu'il connaissait presque tous les spectateurs présents, notre ami le revendeur de gazon qui fait rire était persuadé que Martin me l'avait vendu comme victime potentielle pour mon numéro, ce qui n'était pas le cas. J'ai simplement l'œil et l'odorat assez fins pour savoir à qui j'ai affaire, combiné au fait que les dieux de la comédie étaient de mon bord ce soir-là. Le pusher en a voulu à Martin pendant plus d'un an.

C'est pas toi qu'on veut !

Plusieurs humoristes prennent de l'expérience en assurant la première partie du spectacle d'un artiste populaire. Cela donne accès aux belles salles de spectacles et donc à des conditions professionnelles, et on obtient en plus la chance de se faire voir par un public qui ne nous connaît pas. Le seul inconvénient potentiel : les gens ont payé pour voir quelqu'un, et ce n'est pas toi. Lorsque l'artiste principal est un humoriste, c'est rarement un problème, car on demeure dans le même domaine. Mais si on a la tâche de réchauffer la foule pour un groupe musical ou un chanteur, ça peut être plus difficile. Certaines personnes détestent l'humour, et l'idée de voir arriver un blagueur avant leur groupe préféré ne représente pour elles qu'une occasion de découvrir une autre raison d'haïr ça.

En 1998, au Festival de montgolfières de Gatineau, Dominic et Martin assurent la première partie de Dubmatique. Ce groupe de rap hip-hop-soul marchait très fort à cette époque, et plusieurs hits radio les aidaient à attirer une foule nombreuse. Avant Dominic et Martin, l'humoriste et jongleur Chris Ryan devait faire une performance.

Son numéro combinant jokes et bâtons en feu était normalement plutôt efficace, mais en ce soir de hip-hop, les jeunes n'avaient pas spécialement d'appétit pour un gars qui fait spinner des fourchettes à fondue enflammées. Au lieu des 12 minutes de spectacle anticipées, Chris n'aura fait que passer ; il n'aura même pas pris la peine de sortir ses allumettes. Anglophone faisant parfois des shows dans notre langue, Chris cassait pas mal son français, ce qui le rendait très sympathique. Il débute donc en disant : « Bounswâr, moun nome est Chris Ryan. » À ce moment, la foule s'est mise à scander : « Dubmatique ! Dubmatique ! Dubmatique ! »

Chris enchaîne tout de même avec ce qui est prévu au programme. Ses deux premières blagues n'obtiennent aucune réaction de la foule, à part celle-ci : « Dubmatique ! Dubmatique ! Dubmatique ! » Il prépare un troisième essai : « Je vâs essayer un autre joke porr toé. » Mais elle tombe à plat elle aussi. « Dubmatique ! Dubmatique ! Dubmatique ! » Chris en a assez vu et surtout trop entendu. Il déclare : « Mangez du mârde » et il quitte la scène. Les amateurs de musique, croyant avoir gagné, s'attendent donc à acclamer leurs héros. Mais ils entendent plutôt : « Veuillez maintenant accueillir Dominic et Martin ! »

Y voyant un nouveau défi, ils reprennent de plus belle : « Dubmatique ! Dubmatique ! Dubmatique ! » Et il en sera ainsi pendant près de 10 minutes. Le duo était payé pour faire 30 minutes de blagues, et il les a faites ; la foule n'aura écouté que les 20 dernières, mais l'acharnement aura été payant, car tout s'est très bien terminé. Être en duo a ses avantages : oui, on partage le cachet en deux, mais on partage aussi les désagréments et les contrariétés. Et c'est toujours plus gênant de quitter la scène en disant : « Mangez du mârde » quand on sait que l'autre devra rester seul devant 10 000 fans de hip-hop avec la calotte à l'envers.

J'ai jusqu'à maintenant animé huit galas Juste pour rire, et Jean-Marc faisait toujours partie de mes invités. Trois choses se passent à chacune de ses présences : on ne sait jamais exactement de quoi il va parler, on ne sait jamais exactement combien de temps ça va durer, mais on sait exactement comment ça va se terminer : par une *standing ovation*. Maître-conteur pour qui un aller-retour au dépanneur devient un monologue de 45 minutes et pour qui un malaise cardiaque se transforme en thématique de spectacle, c'est le seul humoriste que je connais qui préfère dormir dans son Winnebago plutôt que de retourner chez lui à Saint-Jean-sur-Richelieu entre deux spectacles à Terrebonne. C'est sûr que, lorsqu'on fait des shows de quatre heures, ça a du sens de coucher à côté de la salle plutôt que de tenter de rentrer chez soi avant le lever du soleil.

Le motivateur

Avec sa facilité naturelle pour l'improvisation, Jean-Marc est souvent engagé pour faire des spectacles corporatifs adaptés. Les compagnies aiment bien entendre l'humoriste qu'ils choisissent sortir du cadre de ses numéros habituels afin de traiter directement du sujet ou de la profession que les spectateurs présents ont en commun ; à la condition qu'il en parle positivement, ça va de soi.

Alors que Jean-Marc est au sommet de sa popularité avec l'émission *L'heure JMP* et ses nombreux spectacles-marathons au Forum de Montréal, une multinationale l'engage pour son événement annuel du temps des fêtes. Mille cinq cents personnes de tous les services et niveaux hiérarchiques de la compagnie sont présentes pour assister à ce qui est vendu comme une représentation « sur mesure » pour la circonstance. Le lien est d'autant plus fort que cette entreprise est un des commanditaires des différents projets de JMP.

Après quelques blagues générales pour casser la glace, Jean-Marc aborde avec humour le délicat sujet des conditions de travail. Prenant la défense des « gars de la shop » qui travaillent très fort, tel un président de syndicat en plein lock-out, il se lance dans une série de revendications : « Vous méritez des télés dans l'usine ! Et plus de congés payés ! Vos efforts sont pas assez récompensés !!! »

Tout cela, c'est pour faire rire, mais dans la salle les employés hurlent leur approbation aux propos du tribun Jean-Marc, qui met le feu à la place.

Encouragé par le délire ambiant, il remarque près de la scène une table de dix personnes bien habillées qu'il identifie comme des gens importants dans l'organigramme de la compagnie ; ce sont effectivement les gros bonnets, les patrons, les big shots, les porte-monnaie, ceux qui payent le salaire de tous les autres, et le sien.

Alors, sur l'élan de l'énergie de la foule et avec la discrétion d'un caribou dans un magasin de bibelots, Jean-Marc monte sur la table des VIP, pousse les verres et les ustensiles avec ses pieds, s'installe au milieu et déclare : « C'est à cause d'eux autres, tout ça !!! »

La foule explose. Même Pierre Bourgault dans ses belles années n'a jamais créé une telle commotion lors des rassemblements du RIN.

Et il en rajoute : « Les patrons, c'est une bande de paresseux surpayés !! »

Les murs tremblent. En comparaison, le « Vive le Québec libre » du général de Gaulle a soudainement l'air d'un chuchotement de bibliothécaire.

Non satisfait d'avoir réglé le cas des boss en tant que groupe, Jean-Marc décide d'y aller avec une adaptation personnalisée à chacun d'eux ; ils voulaient un show « sur mesure », eh bien, ils en auront un. S'adressant à un des haut placés :

« Toi, c'est quoi ton nom ?

– Euh… Gilles.

– Ben Gilles, au lieu de te payer un septième char de luxe, tu devrais redonner à ceux qui font rouler la compagnie !

– Yeaaaaaaaaaaaaahhhhh !!!!!!! »

À un autre :

« Pis toi ! Qu'est-ce que tu fais au juste ? C'est quoi ton titre ?

– Je suis responsable de la mise en marché.

– La mise en marché ! Donc toi, tu te promènes à travers le monde ! Toi, ta job, c'est de faire des voyages pendant qu'eux autres travaillent !

– Yeaaaaaaaaaaaaahhhhh !!!!!!! »

Ils y passeront tous, un à un. Une fois l'exécution publique terminée, alors que les spectateurs saignent tous du nez à force de crier, Jean-Marc dit à un des patrons : « Lève-toi. » Une fois le boss debout, il dépose le pied sur sa chaise et s'en sert comme d'une marche pour descendre de la table. Il remonte sur scène, et termine en s'adressant une dernière fois aux puissants cravatés : « Là, je veux des changements. Quand je vais revenir l'an prochain, j'veux me faire dire que les choses se sont améliorées. Je ne veux plus d'employés tristounets. »

En date d'aujourd'hui, Jean-Marc ne sait pas si les choses ont changé, car il n'est jamais retourné faire un spectacle pour cette multinationale. En fait, deux jours après le party, il a reçu un appel l'informant que sa commandite était suspendue. Quinze ans plus tard, elle n'est toujours pas revenue.

Plus on en donne, plus le monde en veut

Jean-Marc Parent a toujours été un génie du marketing. Remplir 15 fois le Forum de Montréal, comme il l'a fait dans les années 1990 alors qu'il n'arrivait plus à remplir le Théâtre St-Denis, relève de l'exploit.

Alors qu'il en était au milieu de cette épique série de spectacles-concerts-événements-Ben Hur, il annonce aux 15 000 personnes présentes à son huitième show que ceux et celles qui assisteront au neuvième auront la chance de gagner une motoneige. Dans une mise en scène classique du Jean-Marc de l'époque, une motoneige flambant neuve descend du plafond du Forum et se pose à ses pieds. L'effet est au-delà de ses espérances, car le public présent veut lui aussi avoir la chance de gagner l'engin. Pourquoi faire un cadeau à ceux qui ne sont pas encore ici, alors qu'eux ont déjà payé leurs billets ?! Devant le soulèvement et la grogne, il décide de faire tirer la motoneige tout de suite, même s'il devra la payer de sa poche avec son partenaire d'affaires, car il en faudra une autre pour le prochain spectacle. Outre la question monétaire, l'aspect légal est aussi un problème. JM explique aux fans qu'il n'a pas le permis requis par la Régie des alcools, des courses et des jeux afin de faire un tirage le soir même. Cet argument n'émeut personne. Il va donc de l'avant avec l'idée, et une quadragénaire très excitée remporte la bébelle à chenilles d'une valeur marchande de 12 000 dollars.

Une semaine plus tard, JM reçoit un téléphone du concessionnaire qui a la gagnante à ses côtés. Madame vient de décider qu'elle préfère avoir l'argent plutôt que la machine. On a beau lui expliquer que ce n'est pas *La poule aux œufs d'or* et qu'elle n'a pas

l'option de choisir, elle menace de dénoncer Jean-Marc et son partenaire à la Régie en cas de refus. Voyant qu'ils ont affaire à une
ceinture noire en crossage, ils acceptent et lui remettent un chèque
de 10 500 dollars.

– Mais Jean-Marc a dit que ça valait 12 000 ?!

– Douze mille, c'est le prix de vente avec profit. Dix mille cinq
cents, c'est la valeur réelle, c'est le prix que nous avons payé au
fabricant. Je ne peux vous donner l'argent d'un profit que je ne
fais pas.

– Moi, je veux 12 000, sinon je vous dénonce !

Douze mille dollars. Ce fut le prix à payer pour acheter la paix
et se rendre compte que même les plus nobles intentions sont parfois punies. On ne sait pas ce que la fille a fait de son argent non
mérité. Dommage que Costco ne vende pas de bouteilles de
jugement en paquet de douze.

françois LÉVEILLÉE

J'ai grandi rue Marie-Rollet à Québec, dans le quartier Saint-Sacrement. Dans la rue voisine, il y avait la future vedette du hockey Patrick Roy. Un peu plus loin, le Collège des Jésuites, où étudia le légendaire parolier Luc Plamondon. Bien sûr, outre de futures vedettes, mon quartier avait également son petit « pas fin » : Michel Bédard, qui suçait des batteries 9 volts en croyant que c'était des paparmannes qui piquent.

Mais l'important ici est de savoir que c'est juste en face de chez moi que François Léveillée a commencé sa vie. Je n'ai pas de souvenirs de cela, car François a plus de kilométrage que moi au compteur. En fait, dans son temps, on comptait en milles. Peut-être même en rangs. Mais il fréquentait mes frères aînés, et c'est en faisant les Auditions Juste pour rire en 1992 que je l'ai rencontré. Assurément une des personnes les plus gentilles du showbiz québécois, ce chansonnier-humoriste-metteur-en-scène-scripteur a le profil parfait pour avoir vécu quelques excellentes humiliations.

Surprise sur prise

L'émission *Surprise sur prise* de Marcel Béliveau était un des principaux rendez-vous télévisuels dans les années 1980, et s'y faire piéger était un honneur. François Léveillée a eu ce privilège, mais il a hésité avant d'accepter que le gag soit diffusé.

Il se fait prendre alors qu'il est en spectacle au Vieux Clocher de Magog. Dès le début de la soirée, la foule réagit à l'opposé de ce qui se produit normalement : les gens rient là où il n'y a rien de drôle, mais ne rient pas lorsqu'il y a un gag. La raison : l'équipe de *Surprise sur prise* a installé deux lumières au-dessus de la scène, que François ne peut voir évidemment. La foule, complice du crime, doit rire lorsque la lumière verte s'allume, mais ne doit pas faire un son lorsque la lumière rouge est activée.

Intrigué au départ, exaspéré après 20 minutes, chauve après trois quarts d'heure, Léveillée arrive à l'entracte totalement écœuré. Des caméras cachées dans la loge nous le montrent confiant son irritation à son équipe. Très calme de nature, il a la certitude que le public le cherche, comme si les 400 personnes étaient devenues un seul individu qui veut l'intimider dans la cour d'école et lui voler sa boîte à lunch.

L'humour est un art interactif, et les réactions du public déterminent le rythme de la soirée. C'est un peu comme un match de tennis : l'humoriste envoie des blagues et le public lui retourne les rires. Mais lorsque les rires arrivent au mauvais moment, il est difficile, voire impossible, de retrouver le bon élan. C'est comme essayer de danser un slow avec quelqu'un qui gigue. Ou de tirer au poignet avec un manchot. Ou de jouer au frisbee dans un ouragan. Ou de faire du rodéo sur un caniche. Bref, c'est pas évident.

Le gag aurait très bien pu être désamorcé à l'entracte, une heure de niaisage aurait été suffisante au goût de Léveillée et probablement satisfaisante pour l'émission, mais quelqu'un a décidé de poursuivre la séance de harcèlement jusqu'à la toute fin du spectacle. Pendant le salut final, une fois qu'il a été informé que tout cela n'était qu'un canular et alors que la foule se lève pour l'applaudir, François sourit avec politesse, mais à l'intérieur il bout juste assez pour réchauffer la tisane à la camomille qui l'aidera à dormir. Il va d'ailleurs insister pour voir le montage final avant de signer le document qui donne les droits de diffusion au producteur, car, si le gag a duré deux heures, il faudra que cela soit clairement démontré aux téléspectateurs, et que la lumière soit verte pendant toute la durée de l'émission.

Moi, mes costumes

En tant que metteur en scène de galas, François Léveillée a éprouvé quelques problèmes avec certains costumes et déguisements. Pour le gala Les Olivier de 2000, un numéro de production rendant un hommage humoristique à la comédie musicale Notre-Dame-de-Paris avec Éric Lapointe était prévu. Il était aussi prévu qu'Éric, qui jouait un Quasimodo on ne peut plus québécois, porterait un costume de Bonhomme Carnaval bossu. (Je me demande pourquoi j'ai spécifié « hommage humoristique » ; la simple description du costume fait très bien la job, je crois.) Ce qui n'était pas prévu, c'est qu'Éric se casserait le bras dans une bagarre quelques jours avant le gala et qu'on devrait adapter le costume de Bonhomme, en grossissant la manche et en modifiant l'angle du bras afin qu'un plâtre puisse y pénétrer.

Le numéro a eu lieu, et Quasimodo n'en était que plus crédible car plus amoché, même s'il ne pouvait sonner les cloches de la cathédrale que de la gauche.

Mais le plus gros problème de Léveillée est survenu lors d'un gala animé par Lise Dion pour les 25 ans de Juste pour rire. Pour célébrer cet anniversaire, le numéro d'ouverture impliquait une chorégraphie de danseurs déguisés en morceaux de gâteau qui, après quelques steppettes, se réunissaient pour former une immense pâtisserie au centre de laquelle Lise arrivait déguisée en cerise, après être montée dans une échelle. Soyez rassuré, Lise ne s'était pas cassé le bras dans une bagarre la veille du gala et on n'a pas eu à lui adapter la cerise.

Donc, le gars des costumes commande une dizaine de morceaux de gâteau, pendant que celui de la chorégraphie engage une troupe d'une dizaine de danseurs. Visiblement, les deux ne se sont pas beaucoup parlé, puisqu'à une semaine de l'événement, lors de la première répétition, François constate que le chorégraphe a engagé une troupe d'enfants de 10 ans, alors que les morceaux de gâteau sont des portions pour adultes. Les enfants n'arrivent pas à enfiler les costumes, encore moins à les soulever ; ceux qui y arrivent ont la face dans le crémage plutôt que dans le trou, et même avec les yeux au bon endroit, les pauvres petits n'arrivent pas à se déplacer, un peu comme des tortues ayant des maisons mobiles en guise de carapaces.

On a dit quelques gros mots, pesé sur le bouton panique, fait faire des versions « diète » des costumes et simplifié la chorégraphie pour que les enfants puissent l'exécuter sans qu'un morceau de gâteau ne tombe en bas de la scène, dans la section VIP du St-Denis.

Mais comme les zombies dans un film d'horreur, les problèmes sortaient de partout avec ce numéro. Pour compléter l'aspect festif de la performance, on avait fait faire des costumes de chandelles que d'encore plus petits enfants portaient pour aller danser autour du gâteau. On avait aussi placé sur scène des marionnettes géantes à l'effigie d'humoristes ayant marqué le premier quart de siècle du Festival. Ces poupées d'environ 15 pieds de haut, fabriquées pour le défilé spécial du 25e anniversaire, avaient été installées à la dernière minute pour compléter cet extravaganza de bébelles et d'art plastique. Au moment d'entrer en scène, plusieurs petits enfants-chandelles avaient peur des poupées géantes. Certains ont refusé d'aller danser, et d'autres en sont revenus en pleurant, totalement horrifiés après avoir vu la version « Godzilla » de Raymond Devos. (Déjà que le vrai faisait un peu peur aux enfants, la version « Godzilla » les a fait courir en criant jusqu'au quartier chinois.)

François peut aujourd'hui en rire, et il ne fait presque plus de cauchemars impliquant des gâteaux dansants ou des chandelles qui pleurent. Mais disons que l'Halloween n'est pas sa fête préférée.

J'ai connu Mike à ses débuts, alors qu'il était un ado rebelle qui adorait provoquer. Quinze ans plus tard, il est devenu un ado rebelle qui adore provoquer, avec un condo en Floride. C'est d'ailleurs le seul gars qui peut passer deux mois en Floride et en revenir encore plus blanc. Les rayons du soleil ont sur lui le même effet que les remarques des madames qui ne l'aiment pas : quelques chaleurs, sans plus. Mais derrière des allures de bum relâché se trouve un scripteur de grand talent et un humoriste très appliqué, à l'efficacité spectaculaire. Parfaitement bilingue, il peut insulter dans les deux langues officielles, comme le prouveront les quelques histoires suivantes.

God save the Ward

Tous les humoristes ayant fait des spectacles en Angleterre le confirment : le public est souvent agressif. Les *comedy clubs* de Londres sont hautement cotés en ce qui concerne le calibre des humoristes qui s'y produisent, et les spectateurs sont peu tolérants envers les amateurs ou les débutants fragiles. Mais c'est en banlieue de Londres que la hargne de la foule se fait le plus sentir. Et c'est là que Mike se produit en 2010, dans un club réputé pas facile, situé dans un quartier reconnu pour être encore moins facile.

La formule est classique : un animateur et quatre ou cinq invités qui font environ dix minutes de matériel chacun. Les trois premiers invités se font tous copieusement chahuter, mais Mike a son plan pour calmer les spectateurs : les attaquer dès le départ avec agressivité. C'est ce qu'il fait et ça fonctionne ; la salle est captive. Jusqu'à ce qu'il voie qu'un handicapé en chaise roulante est parmi la foule. Mike a quelques blagues sur les handicapés, et afin d'inclure tout le monde dans son numéro, il décide de les faire. L'ensemble de la salle réagit bien, sauf le handicapé et ses amis. Afin de les conquérir, il poursuit dans la lignée des jokes sur le transport adapté et les Olympiques spéciaux. Mais au lieu de voir le rire gagner les gens qui n'aiment pas, il voit l'inverse se produire : c'est le mécontentement qui se répand dans les zones où le plaisir était présent. Et pour ajouter une autre épaisseur de tension, il s'avère que le handicapé est noir. Il n'en faut pas plus pour qu'une spectatrice traite Mike de raciste, ce à quoi il répond qu'elle est folle de voir un lien semblable. Un autre spectateur se mêle de l'échange, et rapidement la soirée devient aussi harmonieuse qu'une réunion du caucus du Parti québécois. Résultat : une partie de la salle quitte en furie, et l'autre reste et déguste le style provocateur de Mike.

En sortant de scène, l'aspect moitié-moitié de la soirée se poursuit alors que les deux propriétaires de la salle sont divisés sur ce qui vient de se passer : un a adoré et invite Mike à boire un verre avec lui, l'autre n'a pas aimé et l'informe qu'une partie des insatisfaits est dehors et n'attend que la sortie de notre ami Ward pour le lyncher. Il s'avère que la menace de représailles est bien réelle, et on fait venir un taxi en cachette à l'arrière du club afin que Mike et son gérant puissent quitter en douce sans devoir faire de dons d'organes.

Le sommeil ne sera pas au rendez-vous, puisque Mike craint que la foule de mécontents vienne le visiter à l'hôtel. Surtout depuis qu'on l'a informé que le handicapé en question était en chaise roulante depuis quelques semaines à peine ; c'était sa première sortie publique depuis son accident.

Le tough qui ne tolère pas le sucre

À cause de son style d'humour, Mike a l'image d'un dur à cuire que rien ne dérange. Le genre de gars tellement tough qu'il n'a pas besoin de boire de bière pour être saoul ; il mange de l'orge et du malt, et deux heures après il peut te pisser une King Can.

Mais tout cela n'est qu'une image, avec laquelle il doit cependant vivre.

En 2002, alors qu'il fait un spectacle pour les militaires à la base de Trenton en Ontario, les soldats commencent à lui payer des shooters et autres rafraîchissements pour adultes. N'écoutant que son orgueil – ainsi que les voix de centaines d'hommes qui peuvent le tuer à mains nues –, Mike consomme les breuvages de joie. Étant diabétique, il devient rapidement incapable de poursuivre le show. Il demande alors à Guy Bernier, l'humoriste qui fait sa première partie, de revenir sur scène pour boucher du temps. Mais la générosité des soldats se poursuit, et Guy arrive lui aussi à l'état où prononcer des syllabes qui existent devient une épreuve. À ce moment, les deux sont extrêmement intoxiqués, et Mike semble être dans un réel coma diabétique. On craint vraiment pour sa santé et on appelle une ambulance, dans laquelle il quitte les lieux.

Cette légende a grandi au point qu'en 2009, quand Mike s'est rendu en Afghanistan pour divertir un autre régiment, les soldats sur place l'ont accueilli comme une rock star ayant survécu à l'épreuve ultime ; comme un genre d'Ozzy Osbourne revenu des ténèbres après avoir fait un pacte avec le diable. Et tout comme Ozzy, Mike a mâché des chauves-souris pour entretenir son image.

Je m'voyais déjà

« Je m'voyais déjà en haut de l'affiche », chantait Charles Aznavour. Aucun humoriste, chanteur ou acteur ne peut être indifférent à la vue de son nom en grosses lettres sur la devanture d'une salle de spectacle, surtout la première fois. Voir le mien en 1997 sur la marquise du défunt Spectrum de Montréal, avec 800 personnes qui font la file, m'a littéralement fait plier les genoux. Mike s'était fait promettre par un organisateur d'événements qu'il aurait ce type d'émotion en arrivant au bar Guinness de Chicoutimi, où le propriétaire était très fier de le recevoir. Mais son visage a changé de couleur aussi vite que celui d'un albinos au salon de bronzage lorsqu'il a vu la marquise qui disait : « Ce soir : Humour avec Mark York. » Et le propriétaire de lui dire :

« Pis ? C'est quelque chose, hein ?

– Vous avez écrit Mark York.

– Oui.

– Je m'appelle Mike Ward…

– Ok.

– C'est pas le bon nom.

– Personne te connaît, on s'en sacre ! »

Qui va l'appeler pour lui demander?

Au cours de la préparation de galas comme Juste pour rire, des prix Gémeaux, Artis ou Les Olivier, ceux et celles qui agissent à titre de metteur en scène ou de chef-scripteur ont souvent la lourde tâche de faire des appels afin de tenter de convaincre quelqu'un de faire quelque chose qui est complètement en dehors de sa zone de confort. Ces pitchs de vente sont difficiles à faire, car c'est souvent lorsqu'on est en plein dedans qu'on se rend compte que l'idée ne mérite pas un appel et qu'elle n'a aucune chance d'être acceptée. Mais il est trop tard, la personne est en ligne.

Comme la fois où…

- Pour le gala Les Olivier de 2002, animé par Mario Jean, le concept est que l'événement se déroule dans le sous-sol de Mario de façon très informelle. Le décor comprend sofas, minibar et foyer. Les invités et présentateurs viendront donc s'amuser, comme on le fait dans un party intime du samedi soir, où on laisse sa gêne et ses principes sur le lit avec la pile de manteaux.

  C'est dans cet esprit que Louise Richer appelle Gilles Vigneault, véritable légende vivante, pour tenter de le convaincre de venir chanter *Trois p'tits coups* de Johnny Farago devant une tête d'orignal. Monsieur Vigneault a écouté, a pris une grande inspiration et a dit : « C'est gentil d'avoir pensé à moi, mais malheureusement je n'ai pas le temps. »

- André Ducharme était scripteur pendant les trois dernières saisons de l'émission *Piment fort*. Chaque semaine, une personnalité mystère avait l'occasion de venir sur le plateau afin de faire un peu d'autodérision et de se venger des humoristes du panel qui l'auraient attaquée par le passé. Avant d'arriver en ondes, cet invité-surprise était jumelé à un scripteur qui lui suggérait des gags.

Ainsi, André est un jour avec Ginette Reno, et sachant que plusieurs comiques ont fait des blagues sur son poids à l'émission, il lui suggère d'aller dans le même sens en faisant un peu d'autoflagellation alimentaire. Avec toute la bonne volonté du monde, André lui propose ses trois blagues sur les problèmes de poids. Ginette le fixe et, avec toute l'intensité qu'on lui connaît, s'exclame : « T'es-tu fou, toi, tabarnak ?!! »

◆ Pour son gala du Grand Rire en 2011, Mario Jean a l'intention de parodier les émissions de cuisine du genre *Les Chefs,* en faisant *Cantine Patate,* une émission durant laquelle les recettes présentées contiennent des substances illicites donnant des hallucinations. Après avoir consommé de la cuisine moléculaire un peu trop forte, son personnage devait dire : « On dirait que je vois Sylvain Cossette chanter du Pink Floyd déguisé en hot-dog. » Il fallait donc convaincre Sylvain de venir chanter du Pink Floyd dans un costume de hot-dog, pendant que des danseurs déguisés en patates frites feraient une chorégraphie. Sans grande surprise, Sylvain a refusé. Tout comme les cinq chanteurs suivants sur la liste. Mais par la suite, Martin Stevens, l'interprète du hit disco *Love Is In the Air,* a accepté de chanter son succès dans un costume de roteux, avec comme punch final une bouteille de ketchup géante qui jette des confettis rouges dans la salle.

Sylvain Cossette ne se le pardonnera jamais.

AVENTURES ET ANECDOTES EN VRAC, AINSI QUE QUELQUES DERNIÈRES FACÉTIES
(ET DE TROIS!!!)

Michel Courtemanche
Une soirée mime et danses cochonnes

Longtemps avant d'être la star internationale qu'il est rapidement devenu, Michel a, comme nous tous, joué dans le pas toujours agréable réseau des bars afin de gagner sa vie, et d'accumuler de l'expérience et de la honte. C'est dans un club de Sorel qu'il arrive, dans les années 1980, avec un 30 minutes de numéros dont certains sont devenus des classiques, tel que *L'haltérophile* et *Le claustrophobe*. Ce bar était situé juste en face du repaire des Hells Angels. Cette information donne une bonne indication sur le fait que la clientèle du bar n'était pas majoritairement constituée de poètes, d'étudiants en coiffure et de membres du parti Vert.

Avec la notoriété arrive le luxe d'avoir sa propre équipe technique, qui sait exactement quand et comment nous éclairer, et quels sons et musiques faire entendre afin d'optimiser notre performance. Mais dans les bars, on arrive avec son CD (ou, à l'époque, avec sa cassette), on va voir le DJ et on espère qu'il appuiera sur le bon bouton au bon moment. Michel apprend que le DJ du club n'est pas présent; la semaine précédente, un doux jeune homme lui a redécoré le visage à coups de cendrier parce qu'il avait refusé de faire jouer une demande spéciale pour sa blonde. Encore un autre indice que l'endroit n'est pas un temple bouddhiste ni une garderie pour jeunes caniches.

En ouverture, Michel débute avec *L'haltérophile*, un numéro de mime qui suscite une totale indifférence dans la salle, sauf pour une table de quatre personnes qui rigolent bien. Il concentre donc toutes ses énergies à entretenir les rires de ces quatre bons samaritains. Une fois son numéro terminé, alors qu'il sort en coulisses se changer pour la suite, deux employés du bar entrent sur scène et installent un rideau translucide derrière lequel une fille en bikini se met à danser. Les spectateurs, encouragés par un animateur et légèrement excités par l'ombre des déhanchements, commencent à miser de l'argent sur la petite culotte de la fille. Une fois la danse terminée, le gagnant monte sur scène, va derrière le rideau, retire le slip de la demoiselle et le rapporte avec lui, alors qu'il reprend son siège sous les applaudissements nourris des autres participants à cet encan de bobettes. Ensuite, on retire le rideau, la fille sort de scène, et de retour à l'humour avec Michel Courtemanche et son numéro du *Claustrophobe* : un gars pris dans un ascenseur qui mime sa détresse !

La détresse n'aura jamais été aussi réelle. L'avantage quand on fait du mime, c'est que les huées ne peuvent nous interrompre et nous empêcher de continuer. On peut faire semblant qu'on n'entend rien, terminer son numéro, sortir en coulisses et dire au patron qu'on ne retournera pas sur scène une troisième fois. Michel a donc reçu son cachet : 80 dollars, il a mimé d'être content et a quitté les lieux, alors que Brenda ou Natasha faisait monter les enchères pour un autre bas de maillot.

Les Chick'n Swell
«Houston, we have a problem»

Les Chicks ont toujours été reconnus pour leurs innovations techniques. Au départ sans le sou, ils trouvaient toujours le moyen de faire des miracles avec une tête de GI Joe, une spatule usagée, un sac de litière à chats et autres restants de marché aux puces. Les moyens techniques ont grandi avec la notoriété, et c'est maintenant en passant par l'ordinateur que la magie se crée. Mais la magie avait un bug en février 2010, à la salle l'Étoile du Quartier Dix30. En tant que principaux invités d'un gala d'humour, ils profitent de l'occasion pour tester

45 minutes de nouveaux numéros, dont 44 dépendent d'un ordinateur sur lequel sont emmagasinés des sons, et des images qui doivent être projetées sur écran.

Dix minutes avant d'entrer en scène, leur gérant, qui est aussi leur technicien pour la soirée, arrive en panique dans les coulisses : « L'ordinateur a planté !! L'ordinateur a planté !! » Francis enfile une veste avec capuchon pour ne pas être reconnu et se dirige avec lui dans la salle ; la machine rebelle est installée à la console de son, située au milieu du parterre. Pendant que Francis pitonne sur le clavier avec un mélange de rage et d'anxiété, sur scène, l'animateur de la soirée étire le temps avant de présenter les Chicks. De tous les humoristes travaillant aujourd'hui, les C&S sont sans aucun doute les pires à qui pareille chose pouvait arriver. Tous les autres pourraient dans un cas semblable piger à la dernière minute dans leur répertoire de vieux matériel de stand-up, qui ne nécessite qu'un micro et un peu de mémoire. Mais dans le cas des Chicks, leur numéro le plus simple requiert deux guitares, des costumes de matador et une sirène de pompier. Francis revient donc en coulisses et explique la situation aux deux autres. Ghyslain demande : « Qu'est-ce qu'on fait ? » L'organisateur de la soirée leur dit : « Faites 45 minutes, c'est ça qui est prévu. » Daniel éclate de rire et l'animateur crie : « Mesdames messieurs, voici les Chick'n Swell !!! »

Les trois esclaves de la technique entrent sur scène sous des applaudissements nourris. Rapidement, Daniel explique la situation aux spectateurs. Il est alors spontanément décidé que les gars feront tout de même les numéros prévus, pendant que Daniel fera les bruits, effets et descriptions d'images avec sa bouche.

« Une image vaut mille mots, alors je vais dire les mille mots. »

L'univers des Chicks est tellement hors du commun que l'ensemble de la foule croit que tout cela fait partie du spectacle. Amusés pendant les cinq premières minutes, certains spectateurs perdent ensuite patience et quittent la salle devant ce mélange de « on sait pas trop c'qui s'passe ». Un peu comme des trapézistes qui se font dire : « Y a pas de trapèze, mais bonne chance pareil», les gars tentent de rester dans les airs avec les mains sur pas grand-chose. Pendant que ses clients sont sur le respirateur artificiel, le gérant-technicien-pitonneur s'active toujours dans la salle, et l'ordinateur donnera finalement signe de vie après une vingtaine de minutes de show, mais ce ne sera que de façon intermittente, et trop peu pour sauver la soirée dont les Chicks parlent encore aujourd'hui avec un motton de méchant dans la gorge.

Il faut préciser que, quelques mois plus tôt, un autre problème technique, plus léger celui-là, a bien failli ruiner une fin de spectacle à Vancouver. La journée du show, Daniel (encore lui) avait décidé que ses pantalons noirs de scène étaient légèrement défraîchis. Il fait donc un peu de shopping en anglais et s'en procure une nouvelle paire qui aura son baptême public le soir même.

Une fois sur scène, Daniel est très satisfait de son acquisition, mais pendant un numéro qui nécessite un coup de pied de karaté, il déchire ses belles culottes neuves d'un bon six pouces à la hauteur du fessier. Il reste à peine 20 minutes au show et, puisqu'à aucun moment Daniel n'aura à se retourner pour montrer son popotin aéré au public, le gros bon sens indiquerait de terminer la soirée avec une brise postérieure et d'attendre au lendemain pour réparer le tout. Mais on parle ici d'un membre des Chick'n Swell; rien n'est jamais simple.

Il se met donc à réfléchir, pendant qu'il donne le show, à l'endroit où la roulette de ruban noir pourrait bien se trouver en coulisses, parmi leurs 22 boîtes de matériel. Il tente même de mettre Ghyslain dans le coup. Entre deux numéros, il lui glisse à l'oreille: «Trouve le *tape* noir, mes culottes sont fendues.» Ghyslain jettera un coup d'œil rapide mais ne verra rien, information qu'il donnera à Daniel dix minutes plus tard en le recroisant sur scène: «J'le trouve pas!» Le temps file, et il reste maintenant un dernier numéro à faire, celui de la poursuite en voiture; un petit bijou d'ingéniosité avec des lampes de poche, qui se déroule dans l'obscurité totale.

On pourrait croire que Daniel serait prêt à supporter l'idée d'avoir l'arrière-boutique à l'air alors qu'il est assuré que PERSONNE NE

VERRA RIEN, mais non. Il croit bien que la roulette de ruban est dans sa loge. En fait, il en est persuadé. Pendant le numéro de la poursuite, il y a un moment où seuls Ghyslain et Francis sont en scène, moment pendant lequel Daniel calcule qu'il a le temps de courir dans la loge, de trouver la roulette, de se mettre un six pouces de *tape* au cul et de revenir sur scène pour sa dernière présence, alors qu'il doit manipuler les lumières d'une voiture de police. Il décide de tenter sa chance. Il quitte en courant dans la coulisse, franchit la porte qui mène vers les loges, arrive à la sienne, trouve la roulette (il savait bien qu'elle était là!), se rubane la fente, sort de la loge, affiche un large sourire de satisfaction, atteint la porte qui donne accès à la scène, mais elle est barrée. Certaines salles sont équipées de ce système qui permet de sortir de scène sans problème, mais empêche d'y entrer, pour éviter que n'importe qui puisse interrompre le spectacle. Il frappe dans la porte, crie, et comprend qu'il est trop tard lorsqu'il entend Francis sur scène dire:

«Ah non! Voici la police!... La police!... J'ai dit: VOICI LA POLICE!!»

Ghyslain, qui doit sortir de scène pour quelques secondes, entend Daniel jouer du tam-tam sur la porte, lui ouvre.

«Qu'essé tu fais?!!

– J'suis allé réparer mes culottes!

– Toé pis tes crisses de culottes!!»

Les deux reviennent sur scène pour terminer le numéro et le spectacle.

Lorsqu'il se penche pour saluer la foule, Daniel se sent heureux et à l'abri des courants d'air.

Mike Ward
Des bons Chuck

La prochaine histoire ne pouvait arriver à personne d'autre qu'à Mike. Il est en spectacle dans un bar de Matane, qui est tenu par deux frères qui ne se parlent pas et qui ressemblent tous les deux à Chuck

Norris. Chuck numéro un adore l'humour, et Chuck numéro deux déteste cela. Il faut donc espérer être en show lorsque Chuck numéro un est de garde, car Chuck numéro deux ne fait que vendre de la bière sans se soucier du spectacle. Évidemment, le show de Mike a lieu le mauvais soir, et Chuck numéro deux décide de faire un sprint de vente de houblon en offrant un deux pour un avant le début du show.

Le spectacle débute devant une centaine de personnes, complètement paf, qui ne font montre d'aucun respect envers les efforts de Mike pour les divertir. Sauf deux filles, assises juste à l'avant de la scène, qui s'embrassent et lèvent leur jupe pour montrer à Mike qu'elles ne portent pas de petite culotte. Non, nous ne sommes pas dans une scène du film *Porky 8, Les chattes de Matane*. Nous sommes dans la vie de Mike Ward.

La grande majorité des comiques sont facilement déconcentrés par un éternuement ou une sonnerie de téléphone. Mais Mike, lui, demeure imperturbable, même s'il a sous les yeux le fantasme masculin le plus répandu sur la Terre. À peine dérangé par les deux collégiennes en chaleur, il poursuit son spectacle.

C'est à ce moment qu'il a compris qu'il aimait davantage l'humour que le sexe. Cela fait de lui un être indestructible et un superhéros.

François Morency
On trouve de tout, même un camion de pompier

Depuis ma première tournée en 1993, la vaste majorité des salles de spectacle du Québec ont été rénovées ou carrément reconstruites, ce qui est une très bonne chose. Toutes les régions bénéficient maintenant d'infrastructures pouvant nous accueillir aussi convenablement que n'importe laquelle des salles de la métropole. Il n'y a plus vraiment d'endroits où les spectateurs doivent s'asseoir sur des cadavres de poneys rembourrés pendant que l'artiste s'active sur un restant d'échafaud de guillotine éclairé par un cracheur de feu, avec en guise de micro une saucisse à hot-dog collée sur un verre en styrofoam et connectée par du fil barbelé à des boîtes de chaussures vides qui servent de caisses de son. Du moins, pas à ce que je sache.

Mais malgré les travaux et les équipements modernes, certains endroits ont conservé un cachet tout à fait unique. C'est le cas du Centre communautaire de Lebel-sur-Quévillon en Abitibi. J'y suis allé à chacune de mes tournées, et j'y retournerai tant qu'on m'y invitera, car cet endroit est unique, tant à cause de la gentillesse du comité organisateur (qui me prépare un buffet adapté fait avec amour) que de l'infrastructure en soi. Cette bâtisse est à la fois la salle de spectacle, l'aréna, la chapelle, les bureaux administratifs de la ville et la caserne de pompiers. C'est ce qu'on appelle maximiser le pied carré. Durant ma troisième tournée en solo, j'ai été à même d'apprécier la grande polyvalence du lieu.

Lors d'une journée classique de tournée, mes trois techniciens arrivent à la salle vers 13 h. Avec l'aide de l'équipe locale, ils vident le camion de tout son matériel, installent décor, son et éclairage pendant que je suis à l'hôtel à écouter *Les feux de l'amour* et *Top modèles* tout en complétant ma collection de minibouteilles de shampoing gratuites. Nous nous retrouvons ensuite pour le souper, pendant lequel je leur donne les détails des derniers développements de l'intrigue de nos soaps préférés, et nous nous dirigeons vers le théâtre pour 19 h.

Ce soir-là, nous frappons à la porte de service du complexe, mais au lieu de voir le directeur technique nous accueillir, c'est plutôt le curé, portant son aube de célébrant, qui nous ouvre, avant de repartir en courant pour ne pas manquer le début de la messe. On n'aura pas eu le temps de faire bénir le spectacle.

Dans la loge, une porte située tout près de la table de maquillage donne directement sur l'aréna. Vraiment directement. En l'ouvrant, on se retrouve carrément dans les estrades, et ce soir-là j'ai pu me préparer pour mon spectacle en regardant des jeunes pee-wee pratiquer leur coup de patin de reculons. C'est amusant, mais ça met une méchante brise d'humidité froide quand on se change.

À 20 h, je monte sur scène, le show se déroule très bien, la salle est pleine et le public est généreux. Parmi eux se trouvent à peu près tous les pompiers volontaires de la ville. Je peux le dire, car en milieu de deuxième partie, environ une dizaine de pagettes se mettent à sonner en même temps, et je vois autant d'hommes sortir de l'auditorium en courant. Au moment où je reprends à peine le contrôle de la salle, le camion de pompiers, dont le garage est situé juste à l'arrière de la scène, se met à reculer et nous entendons tous le « bip-bip-bip », avant qu'il ne quitte ensuite en activant évidemment la sirène qui retentit clairement. J'ai dû ramer pendant quelques minutes afin de ramener la foule dans le contexte du spectacle, et c'est compréhensible ; pas facile de rire lorsque tu te demandes si ce n'est pas TA maison qui brûle.

Ce n'était pas un gros feu, ou encore c'était simplement une fausse alerte, car les gars sont revenus juste à temps pour la bière d'après-show. Le curé n'y était pas. On lui pardonne.

Michel Barrette
Pour l'absence de plaisir

Lors des premières saisons de l'émission *Pour le plaisir* qu'il coanime avec France Castel à la télévision de Radio-Canada, Michel faisait régulièrement un sketch improvisé ayant pour titre *Le diaporama*. L'équipe lui présentait une série de photos qu'il n'avait pas vues avant et il devait, devant France, les invités et les téléspectateurs, improviser une histoire reliant ces photos.

Ce jour-là, le peintre et sculpteur Armand Vaillancourt est parmi le panel d'invités. Monsieur Vaillancourt, ceinture noire en libre pensée, qui ne s'est pas gêné pour interrompre les funérailles nationales de Gilles Carle afin de passer son message à Jean Charest, n'allait sûrement pas se retenir de commenter les gaguinets improvisés de Michel. C'est ainsi qu'après la photo d'une voiture que Michel dit trouver superbe, Vaillancourt s'exclame : « Moi j'suis contre l'automobile! Il faut favoriser le transport en commun! À bas la pollution!» Après celle d'une femme noire mangeant un hamburger: «Les Noirs sont encore des esclaves en Amérique! On les bourre de fast-food pour les faire taire!» Bref, il a tout pris au premier degré et a abattu chacune des tentatives d'envol de Barrette.

Soit dit en passant, Michel ne fait plus ce segment aujourd'hui.

Louise Richer
On en parle-tu ou on n'en parle pas?

Quelqu'un a déjà dit: «La comédie, c'est le drame auquel on laisse un peu de temps.» C'est très vrai. Quelqu'un d'autre a déjà dit: «Quand on habite une maison de verre, ça coûte cher de Windex», et c'est sûrement tout aussi vrai. Tout comme: «Quand tu te maries en hiver, t'es mieux de porter une chemise de chasse par-dessus ta robe pour pas que la souffleuse te ramasse.» Tout cela est frappant de vérité et de sagesse, mais présentement un peu hors contexte. Alors revenons, si vous permettez, au lien entre l'humour et le drame.

Les problèmes de santé, le divorce, la pauvreté; tous ces sujets tristes et sérieux sont quotidiennement vécus comme des drames par des millions de personnes. Mais ce sont également les sujets de certains des meilleurs numéros d'humour à avoir été faits. L'alcoolisme, par exemple, n'a rien de drôle en soi, au contraire. Mais des millions de jokes de gars saouls meublent tous les partys à travers le monde depuis toujours. Est-ce qu'en rire règle le problème? Pas du tout. Est-ce que ça le rend moins dramatique? Pour certains, peut-être. Mais visiblement, la gravité d'une situation n'empêche pas la présence de l'effet comique. Tout est une question de timing, de trouver la bonne façon de dire les choses et aussi, parfois, de laisser le temps nécessaire pour que la plaie soit cicatrisée avant de donner des pichenottes dessus.

Il faut évidemment tenir compte de ces critères lorsqu'on prépare un gala. Un gala est d'abord et avant tout une remise de prix, un party pour une industrie quelconque qui célèbre et récompense, selon des critères très précis et parfois discutables, les plus méritants de ses membres. En tant que gars qui a parfois gagné et parfois perdu, j'en profite pour vous dire que ni l'un ni l'autre ne change quoi que ce soit. Les trophées ne font pas vendre plus de billets ni ne donnent de meilleures cotes d'écoute ; ça pourra encourager une tendance naturelle déjà présente, sans plus. En fait, la seule chose qui changera radicalement avec un trophée, c'est l'humeur du gagnant et des perdants. Très souvent, c'est ce qui détermine si une personne ira ou pas au party d'après-gala. Un trophée est un nanane pour l'ego, c'est tout.

Mais un gala est plus qu'une distribution de mailloches pour attendrir la viande. C'est aussi un show dont on profite pour faire le bilan de la dernière année en humour et en émotions. Certains souhaitent voir un bien-cuit grinçant de trois heures, d'autres une soirée de larmes et de partage d'émotions parfois graisseuses. Difficile de satisfaire les deux équitablement, surtout si, pendant les mois qui précèdent le gala, un événement important ou un quelconque scandale marque l'industrie qui est célébrée. À ce moment, les créateurs auront alors à se poser la question : « Est-ce qu'on en parle ou pas ? Et si oui, comment ? »

Un peu avant Les Olivier de 2005, Denise Bombardier, Benoît Dutrizac et quelques autres ont publiquement critiqué le langage utilisé par certains humoristes. Ce dossier occupant beaucoup de place dans les médias, Louise et l'équipe de création du gala jugent qu'il est impossible de ne pas en parler. Dans son numéro d'ouverture, Martin Matte informe les téléspectateurs que, puisque les humoristes massacrent la langue, le gala sera sous-titré en français international.

« Bonsoir tout le monde ! »

Sous-titre : « Gentes dames et nobles sieurs de tout acabit, que la soirée vous agrée en toute occasion. »

« J'suis ben content d'être ici ce soir. »

Sous-titre : « Il me sied d'être à vos côtés alors que le rideau de la nuit glisse doucement à l'horizon. »

«Premièrement, je voudrais féliciter tous ceux et celles qui sont en nomination.»

Sous-titre: «D'entrée de jeu et sans plus attendre, nous voulassions congratuler ces messagers de l'Art dont l'Œuvre culmine au zénith de leur profession, qui acceptâssent de se mouvoir en nos murs et dont nous nous délectassassions de leur présence que nous receussions avec joie. Mettons.»

Cette blague passe très bien, elle donne le ton, tout en réglant rapidement et intelligemment le cas de l'éléphant qui se trouvait dans la pièce. Mais dans un gala, on ne peut tout contrôler; les présentateurs et les gagnants vont eux aussi au micro, et on ne peut prévoir ce qu'ils diront. La désormais célèbre phrase de Guy A. Lepage et Normand Brathwaite: «Denise Bombardier dit qu'on parle mal, eh bien, qu'elle mange de la marde», blague de deuxième degré qui semblait donner raison à Madame B. et qui a malheureusement été prise au premier degré par plusieurs, ainsi que la remarque des Grandes Gueules qui, en recevant leur prix, ont déclaré: «On devrait mettre Bombardier et Dutrizac dans un piñata et fesser dessus, mais sans se bander les yeux, parce qu'on veut voir ce qu'on fait,» n'ont pas été reçues comme des flatteries.

Il s'est ensuivi un énième débat sur l'humour qui a duré quelques mois. Dans ce cas-ci, l'accumulation a tué la blague, l'acharnement a transformé l'humour en procès, et la pauvre metteure en scène a passé une bien mauvaise semaine à répondre à un tas de questions beaucoup trop sérieuses pour l'importance réelle des événements.

Donc, pour en revenir à la prémisse: «On en parle-tu ou on n'en parle pas?», Louise répond simplement: «On en parle un peu, mais pas trop.»

Les Chick'n Swell
Retour aux sources

Avant d'entreprendre une carrière solo de comédien et de réalisateur, Robin Aubert faisait partie de la formation originale des

Chick'n Swell. Lorsque la polyvalente Le Boisé de Victoriaville, où les membres du groupe se sont connus et ont découvert leur passion commune pour créer des sketchs comme *Les aventures du gars qui a pas de genoux mais juste des longs tibias* (un vrai sketch des Chicks), a invité les gars à participer à une campagne de financement en tant qu'ex-étudiants devenus vedettes, ils étaient très excités. Robin, qui s'était depuis fait connaître, entre autres, grâce à ses rôles dans le téléroman *4 et demi* ainsi que dans *Radio Enfer*, était heureux de faire partie de l'événement, mais un peu amer. Un ancien camarade de classe, qui avait à l'époque terminé premier lors d'un concours de talents artistiques, n'était pas invité à ce gala, alors que lui l'était, bien qu'il ait terminé deuxième.

Frustré que son ami le champion ne puisse profiter du privilège auquel lui-même avait droit en tant que vedette du petit écran, il a trouvé une façon bien personnelle de passer son message à la direction de l'école. Pour l'occasion, les Chicks avaient préparé un enchaînement de courts sketchs et, entre deux numéros, Robin, sans avoir prévenu les autres de ce qu'il allait faire, s'est avancé vers le public, s'est tourné et a baissé ses culottes en disant : « Ça, c'est pour mon ami qui a pas été invité. »

On pourrait qualifier de malaisant le moment qui a suivi, surtout que le lecteur de nouvelles Pierre Bruneau était dans la salle en tant que citoyen honoraire invité.

Robin a depuis montré ses fesses une fois de plus à *Tout le monde en parle* il y a quelques années ; finalement, la polyvalente de Victo n'était qu'un rodage.

François Morency
Enrique vs Julio

Un soir de l'hiver 2000, alors que je remplace Julie Snyder à l'animation du *Poing J*, nous recevons Enrique Iglesias. Le studio est rempli de

200 filles hystériques qui se foutent complètement de mon monologue d'ouverture et qui n'attendent que l'arrivée du Latino au bassin de feu. Puisqu'il est en début de carrière et que cette entrevue sera une de ses premières au Québec, je prévois qu'une bonne partie de la discussion portera sur son enfance, sur l'influence que son père, Julio, a eue sur son choix de carrière, et sur la vie d'un chanteur qui doit suivre les traces d'un père qui a déjà vendu plus de 200 millions d'albums.

Pendant la pause publicitaire qui précède son entrevue, alors qu'il ne reste que 20 secondes avant le retour en ondes, ma recherchiste totalement paniquée vient me dire à l'oreille : « Ne lui parle pas de son père. Son gérant me dit que, si tu lui parles de son père, il quittera le studio et ne chantera pas. »

Nous sommes revenus en ondes, il est entré, et on a parlé de sa mère pendant huit minutes.

Martin Cloutier
Faire rire des chaises vides

Faire un numéro d'humour à la télé, en dehors du contexte naturel d'une salle de spectacle ou d'un gala, est très, très risqué. La froideur d'un studio de télé non adapté pour la chose est un des points sensibles. Si l'émission passe à 8 h 30 le matin, ça n'arrange pas vraiment les choses. Et si le public qui devait être présent n'y est pas parce que le chauffeur d'autobus s'est perdu en chemin, alors vous avez là le forfait qui vous donne droit à un fiasco royal.

L'émission avait pour titre *Les deux Christine*; un genre de *Deux filles le matin*, mais encore plus précis au niveau des prénoms. Christine Chartrand et Christine Lamer animaient ce show diffusé en direct de la station TVA à Sherbrooke. Dominic et Martin s'y rendent pour faire un numéro, mais tous les sièges sont vides. Les spectatrices auraient pris la mauvaise sortie. Puisque l'émission est en direct, ils doivent tout de même faire leur six minutes de blagues, en espérant que les deux Christine auront deux rires généreux.

Alors que nos braves travaillent très fort pour créer ne serait-ce qu'un minimum d'ambiance dans ce trou noir, le groupe de madames qui avaient réservé pour assister à l'émission arrivent enfin. Quelqu'un, un génie sans doute, décide de les faire entrer dans le studio en plein milieu du numéro de Dominic et Martin. Ils doivent donc poursuivre leur semblant d'élan, alors qu'on entend des chaises qui bougent, des talons qui piétinent et des madames qui chuchotent en se demandant : « Qu'est-ce qui s'passe ? C'est qui, ça ? J'espère qu'on n'a pas raté la recette du jour ! »

Martin m'a confié que son plus beau souvenir de cette matinée est la coupe de cheveux de Dominic. Il semble que la coiffeuse assignée à l'émission lui aurait donné le look de Mireille Mathieu. Oui, c'était une journée parfaite.

François Morency
La scène mobile

Plusieurs bars organisent des soirées d'humour sans même posséder les deux éléments de base : une scène et un micro. Pour ces occasions spéciales, ils vont alors installer un genre de podium de fortune, appelé en anglais un *riser* ; une petite scène amovible d'environ six pouces de haut. Dans les années 1990, un bar de Québec prend deux carrés de bois de trois pieds de large chacun et les colle l'un sur l'autre afin de former un *riser* de six pieds de large. L'idée est bonne, sauf que ces blocs, que rien ne retient ensemble, sont placés sur la piste de danse qui est constituée d'aluminium très glissant.

La soirée débute avec un humoriste de la relève qui monte sur scène pour la première fois de sa vie. Les novices de la scène sont de deux types : les nerveux qui bougent beaucoup pour évacuer le stress, et les nerveux qui sont trop stressés pour bouger. Notre homme était du deuxième type. Il a un pied sur le bloc de droite, l'autre sur celui de gauche. Le micro dans la main, il commence son numéro et après quelques minutes, lentement mais sûrement, les cubes commencent à s'éloigner l'un de l'autre, tout comme les pieds de notre recrue du rire. Tous les membres de l'auditoire constatent que l'apprenti-blagueur sépare les blocs comme Moïse a séparé les eaux, mais ce dernier demeure imperturbable et poursuit comme si de rien n'était. Un humoriste d'expérience aurait su profiter de la situation pour faire quelques gags et ainsi en tirer un excellent moment d'improvisation, ce qui lui aurait permis de mettre la foule dans sa poche. Mais le souple débutant se concentre sur son texte et se dit que ça va bien, puisque la foule rigole! Car évidemment, plus la dérive des continents s'accentue, plus le comique garde son allure présidentielle, plus cette situation atteint un niveau d'absurdité difficile à décrire, plus les spectateurs se bidonnent. C'est finalement rendu à environ 12 pouces d'écart que notre acrobate arrive à la fin de son texte et quitte avant de déchirer ses culottes.

Je ne me souviens pas du nom de ce gars et je ne l'ai jamais revu sur scène. Il est probablement disparu sans dire un mot dans la craque d'un sofa trop confortable.

Les Grandes Gueules
Québec, ville de péchés

À l'été 2001, les Grandes Gueules présentent un numéro dans un gala du festival Le Grand Rire à Québec. Dans *On refait le monde en cinq minutes*, les gars passent en rafale tout ce qui ne fonctionne pas dans la société, en suggérant des solutions pour chacun des problèmes. La performance, qui se fait avec chronomètre et écran géant, marche très fort et, à la suite d'une *standing ovation*, on demande aux gars de revenir trois jours plus tard pour faire le même numéro lors du gala de clôture du festival.

Étant moi-même originaire de Québec, je suis un peu mal placé pour vous parler objectivement des qualités de la vie nocturne de la ville. Mais demandez à quiconque ayant déjà fait de la tournée de vous raconter ses passages à Québec, et il est possible que vous ayez à coucher les enfants. Les GG avaient donc trois soirées libres avant leur prochaine performance, et la Vieille Capitale s'est chargée de bien les remplir. Leurs souvenirs de ces trois nuits sont très vagues. J'ai appris qu'ils impliquent 14 bouteilles de scotch, deux abat-jour et une contorsionniste déguisée en ours, mais sans plus. Toujours est-il qu'une fois au gala du dimanche, la concentration et le timing étaient demeurés à l'hôtel avec les bouteilles vides, laissant nos deux clowns avec un bon numéro qu'ils ont mal livré, donc avec un mauvais numéro. Puisque j'étais moi-même sur la liste des invités de ce gala, je peux vous confirmer que le succès du premier soir ne s'est pas pointé et que les gars, normalement très allumés, étaient complètement Off ; quelqu'un aurait dû leur dire de retirer les abat-jour qu'ils avaient encore sur la tête.

La leçon du jour : Ozzy Osbourne réussit peut-être à satisfaire le public malgré la totale confusion qui l'habite en permanence et le fait qu'il chante dos à la foule avec une pompe à asthme prise dans la gorge, mais en humour, on ne peut compter sur des canons à feu et des solos de guitare pour sauver notre peau.

Gilbert Rozon
Seul dans la foule

Être vu par la bonne personne au bon moment est un des ingrédients du succès dans le showbiz, ainsi que de celui d'un exhibitionniste qui se promène dans un parc.

Gilbert étant un homme puissant de l'industrie du spectacle, plusieurs jeunes talents espèrent attirer son attention. Lors d'un séjour en Europe, un jeune humoriste français de la relève, très persuasif, réussit à le convaincre d'assister à son spectacle dans un petit théâtre de 100 places. Il avait cependant mis tellement d'énergie à convaincre Gilbert de se déplacer qu'il en avait oublié de convaincre le public d'en faire autant. Résultat : Gilbert était seul dans la salle. Complètement seul. L'homme a tout de même fait son show au complet. On ne l'a pas beaucoup revu depuis.

Gilbert Rozon
Seul dans la foule, deuxième partie

À la fin des années 1980, c'est un metteur en scène québécois qui insiste pour que Gilbert assiste à une pièce au théâtre La Licorne à Montréal, et ce, malgré le fait qu'il est encore sur le décalage puisqu'il vient de rentrer d'un séjour en Europe. Assis en première rangée, Gilbert réussit à combattre le sommeil pendant les 20 premières minutes, mais il perd finalement la bataille contre le roupillon et s'endort, la tête sur la scène. Car oui, quoi de plus confortable qu'un oreiller en bois sur lequel s'activent huit comédiens. Ce sont les applaudissements de la fin qui ramènent Gilbert de son «power nap». Il constate que tout le monde est debout, et que les acteurs qui saluent le regardent avec des yeux injectés de sang. Il y a plus de haine dans leur regard que dans celui de David Suzuki qui observe un homme qui lave ses 14 Hummers avec de l'eau Naya chauffée au bois. Maman, c'est finiiiiiiiiiiii.

Donc, la leçon à retenir des deux dernières anecdotes: n'insistez jamais pour que Gilbert vienne vous voir en spectacle. Laissez-le se pointer quand ça lui adonne.

Les Denis Drolet
La tournée des corridors

La première tournée des Denis Drolet en a été une des cégeps, ce qui semble être une très bonne idée au départ. Mais contrairement à ce qu'on pourrait croire, les spectacles ne se déroulaient pas le soir dans les amphithéâtres des 15 établissements visités, mais plutôt en plein jour, dans les corridors, sans micro ni aucun élément technique.

C'est donc devant des jeunes déjà un peu confus, déambulant avec leurs cartables, que le chevelu duo expérimentait un 30 minutes de numéros qui, même pour eux, ne semblaient pas trop clairs. Parfois un jeune s'arrêtait, les yeux rougis par l'inhalation de tabac d'artiste, écoutait la demi-heure au complet et quittait en se jurant de ne plus jamais consommer. Un grand exercice d'humilité.

Jean-Marc Parent
What?

Depuis bien longtemps déjà, les agences de voyages, stations de radio et magasins de meubles offrent des séjours dans le Sud avec un artiste québécois. Jean-Marc a lui aussi eu droit à son forfait « coup de soleil-rhum coco-voir une vedette en maillot » dans les années 1990. L'hôtel El Presidente en République dominicaine l'a accueilli avec son groupe musical, le Mercedes Band, qui à l'époque l'accompagnait partout : en spectacle, à la télé, et aussi je crois à la maison, lui jouant *Laisse-moi t'aimer* en guise de réveille-matin.

Pendant cette période, Jean-Marc ne fait rien discrètement, et ce spectacle tropical est également à grand déploiement. Le show, qui débute à 20 h, durant lequel alternent musique et humour tout comme dans son émission *L'heure JMP*, doit normalement se terminer à 22 h 30, mais on parle ici de Jean-Marc Parent. À minuit, alors que du AC/DC fait se fendre les coquillages, monsieur Soto, le grand patron de l'hôtel, qui depuis déjà 90 minutes faisait des grands signes pour indiquer qu'il serait temps de songer à couper court aux anecdotes coquines et aux chansons sataniques, décide de carrément « tirer la plogue ». Son et lumière, tout s'arrête d'un seul coup, alors que monsieur Soto ferme le transmetteur électrique, comme un directeur d'école secondaire met fin au bal qui dégénère dans un film de high school américain.

Alors qu'on démonte le tout à la chandelle ou presque, Jean-Marc et un membre de son entourage se rendent sur la plage afin de relaxer un peu. C'est là qu'ils se font aborder par un groupe d'anglophones avec quelques griefs. Pendant cette semaine, l'hôtel accueillait évidemment des non-Québécois qui n'ont pas trop saisi ce qui se passait. Appréciant la musique très rock du band mais ne comprenant rien aux histoires de Jean-Marc, ils désiraient certaines précisions sur le contenu humoristique du spectacle. Parmi les anecdotes racontées par JMP pendant cette soirée, certaines traitaient évidemment d'histoires de voyage. Puisque quelques phrases en anglais étaient incluses dans les gags, ces quelques non-francophones croyaient que Jean-Marc se moquait d'eux. C'est donc à grands coups de *What the fuck?!* que JM et son ami se font accueillir sur la plage par le goupe de fringants hooligans, qui commencent à les bousculer. JM se retrouve sur le dos, et alors qu'il est sur le point de se faire flasher les lumières, monsieur Soto arrive à la rescousse pour calmer tout le monde. Le patron, croyant que la chicane concerne la fin abrupte du spectacle, offre de remettre le courant. La confusion est totale, mais tout se termine bien.

JM se relève et s'enlève le sable de la barbe, les anglos comprennent qu'il n'y a pas de complot et se calment, et monsieur Soto a pu économiser sur sa facture d'électricité.

Les Chick'n Swell
Pusher de perruques

Les Chicks sont les rois des costumes et accessoires. Robes, bas de nylon, chaussures de tous genres, perruques, déguisements variés ; les coulisses de leur premier spectacle ressemblaient davantage à une tornade au festival du travesti qu'à l'arrière-scène d'un show d'humour.

Obtenir une aussi impressionnante collection à bas prix ne peut se faire sans quelques contacts privilégiés dans les hautes sphères de la guenille passée date, et toute la famille y a contribué. Daniel Grenier reçoit un jour l'appel d'une amie de sa mère qui, bien au courant de ses besoins vestimentaires hors du commun, lui dit : « Ma voisine d'en bas est décédée cette semaine et elle possédait plusieurs robes et perruques que tu pourrais apprécier. » Daniel se rend donc chez la défunte pour essayer vêtements, perruques et souliers à talons hauts, et ce, devant l'amie de la famille qui ne se gênera pas pour donner son opinion sur les différents looks avec lesquels il parade fièrement. Cette scène est irréelle, surtout que Daniel avoue avoir jeté un coup d'œil sur les nombreuses photos de la morte, disposées un peu partout dans la maison, afin de voir comment elle portait certains de ces accoutrements. Après la séance d'essayage, il quitte avec la bénédiction de l'amie, le coffre de l'auto bien rempli de plusieurs robes et accessoires variés qui viendront donner un souffle gériatrique au look des Chicks. Il recevra cependant un téléphone de la dame quatre mois plus tard; certaines des perruques qu'il a récupérées sont faites de vrais cheveux, et elle désire les donner à des personnes âgées dans le besoin qui, disons-le, en feront un usage légèrement plus justifié que trois clowns souhaitant faire un sketch d'octogénaires qui jouent au bridge en parachute.

Évidemment, avoir à trimballer autant de matériel en tournée impose une logistique qui peut finir par devenir lourde, mais les gars peuvent remercier leurs costumes de les avoir sortis du trouble au moins une fois.

Par une soirée d'hiver du début des années 2000, les Chicks se rendent à Sherbrooke pour y faire un spectacle. Le groupe en est à ses débuts, les moyens sont limités, et il n'est pas encore question d'avoir une équipe technique en camion qui transporte le matériel. C'est donc tous entassés avec leur friperie dans une seule voiture que le voyage se déroule. Ils ont une crevaison en chemin, utilisent le pneu de secours, se rendent à destination, font le spectacle, reviennent très tard le soir et ont une autre crevaison. Il est 2 h du matin, c'est l'hiver, la voiture n'a plus que trois pneus, la sortie la plus proche est à environ deux kilomètres, aucun des trois ne possède de cellulaire ni de vêtements chauds. Il est donc décidé qu'un des gars va rester dans le véhicule, alors que les deux autres marcheront jusqu'à la première cabine téléphonique pour appeler une amie habitant la région. Afin de ne pas mourir de froid pendant le pèlerinage, les deux marcheurs enfilent certains éléments de leurs costumes de scène; un porte un casque rose avec des oreilles de lapin ainsi que des mitaines en forme de pattes d'ours, l'autre enfile un manteau d'habitant de l'espace, couleur aluminium, et ils partent sur l'autoroute 10. Aucun véhicule ne passera à côté d'eux pendant leur trajet pour les aider, ce qui n'est pas une si mauvaise nouvelle, car rien ne garantit que le conducteur se serait arrêté en apercevant ces deux rescapés de l'Halloween à 2 h 45 du matin.

Maxim Martin et les Chick'n Swell
Sur invitation seulement

Quelques mois à peine après ses débuts au Rumors Comedy Club de Winnipeg, Maxim reçoit sa première demande de spectacle corporatif. Enfin ! Le prestige et le cash se pointent ! L'événement se déroule dans un hôtel du centre-ville, mais ce n'est pas un congrès, ni une campagne de financement ni une remise de prix, et la soirée n'a pas lieu dans une salle de réception. En fait, c'est un party privé, pour huit personnes, dans une chambre. Très craintif, persuadé qu'on va le droguer pour abuser de son corps, Maxim se présente à la chambre d'hôtel. Rassuré de ne pas arriver au milieu d'une partouze d'échangistes ni d'avoir à enfiler un costume de brebis, il s'installe entre les deux lits et, sans micro, livre l'intégralité du matériel qu'il avait à l'époque, c'est-à-dire 20 minutes. Une fois qu'il a terminé, il empoche les 75 dollars promis et retourne chez lui, avec l'impression d'avoir reçu de l'argent pour avoir simplement été le gars drôle dans un party.

Les Chick'n Swell ont eux aussi donné dans le concept « unplugged » le 25 décembre 1999. Leur gérant reçoit l'appel d'une famille de Lac-Etchemin qui, tous les ans, a l'habitude de fêter Noël avec une thématique spéciale ; une année « western » où tous se déguisent en cowboys, une année « sports » où tous portent des équipements variés et où grand-mère sert son gâteau aux fruits dans un casque de hockey, une année « élections de commission scolaire » où personne ne se pointe.

En 1999, c'était l'année « *chic and swell* », et tous devaient porter tuxedo ou belle robe. Un jeune cousin, fan des Chicks, soumet l'idée d'inviter le trio à se produire pour la parenté. L'invitation est acceptée, les gars installent leur scène entre le sapin et le piano, et donnent 45 minutes de spectacle pour 25 personnes très bien habillées. Leur souvenir le plus clair concerne cependant le réveillon qui a suivi, pendant lequel Daniel dansait avec la grand-maman (probablement avec l'idée de lui emprunter ses robes pour un sketch). Lorsque la doyenne lui a demandé : « À ton avis, j'ai quel âge ? », il a répondu : « Soixante-quinze ans. » Elle en avait 60. Joyeux Noël !

François Morency
Vive Richard Séguin !

À l'automne 1998, je suis engagé pour animer le gala de la SOCAN (Société canadienne des auteurs, compositeurs et éditeurs de musique), l'organisme qui s'occupe de récupérer et de distribuer les droits d'auteur. Cet événement est un genre de gala de l'Adisq unplugged ; toute l'industrie de la musique y est, mais l'événement n'est pas diffusé à la télé et n'est pas accessible au public. La soirée est très informelle et relâchée, c'est un immense banquet, les gens mangent et boivent pendant toute la durée du gala et certaines vedettes de la chanson se permettent là des commentaires qu'elles ne feraient pas si l'événement était couvert par les médias ; bref, c'est le fun. C'est l'occasion parfaite pour voir Jim Corcoran partir sur une dérape après 12 tequilas bang-bang et frencher Lara Fabian pendant que Kevin Parent tire au poignet avec Dan Bigras sous les encouragements de Jean-Pierre Ferland en bedaine qui crie : « *In your face, bitch !* » (Cela n'arrive pas toutes les années, il faut vraiment être chanceux.)

J'ai peu d'expérience en animation de gala à ce moment, et j'avoue dès le début « qu'en tant qu'humoriste invité dans cette soirée 100 % musicale, je me sens comme le nouveau beau-frère supposément très drôle qui arrive dans un souper de famille où tout le monde se connaît ». Cette première blague fonctionne bien, mais la deuxième n'a pas le même succès. Il faut préciser ici que le président de la

SOCAN à ce moment est Gilles Valiquette, lui-même auteur-compositeur-interprète à la bouille sympathique et lunettée. À noter également que l'événement se déroule dans un hôtel du centre-ville de Montréal où Elton John, qui est en spectacle le soir même, réside pour la nuit. Sachant cela, je dis:

« C'est l'fun que le gala de la SOCAN se déroule à l'hôtel; comme vous le savez, Elton John est en ville ce soir et il a une suite ici. Tout à l'heure dans l'ascenseur, j'ai croisé un petit monsieur à grosses lunettes avec une drôle de face joufflue qui cherchait un accordeur de pianos; pendant un instant j'étais très excité, mais finalement c'était juste Gilles Valiquette. »

(Bruits de criquets.)

Seul Richard Séguin a ri très fort. En fait, Richard Séguin est un des rares qui a ri très fort toute la soirée. Vive Richard Séguin!

Michel Barrette
Le baril à Barrette

Michel a fait de la publicité pour de la bière, du jus, des concessionnaires automobiles, des compagnies de livraison, des pétrolières, des magasins de meubles, des loteries, Tourisme Saguenay, Nez Rouge (bruit de fast-forward) et du poulet frit. À l'été 1990, PFK offre « le baril à Barrette ». En bon porte-parole, Michel se rend à la succursale PFK de Belœil pour encourager son propre produit et vérifier l'effet de la promotion. Visiblement, certains détails de la campagne, ainsi que la notoriété de Michel, n'étaient pas tout à fait au point.

Voici son échange avec l'employée au comptoir de Belœil:

« Bonjour, madame.

– Bienvenue chez PFK!

– Qu'est-ce que c'est, le baril à Barrette?

– C'est 20 morceaux de poulet avec frites, un choix de salades et de la sauce.

– Oui, mais pourquoi à Barrette?

– C'est notre promotion estivale.

– Ok. Mais pourquoi le baril À BARRETTE?

– Ben… j'viens de vous le dire, c'est 20 morceaux de poulet avec sauce et salade.

– Oui, mais pourquoi À BARRETTE? C'est qui, Barrette?

– J'le sais-tu, moi?!? En voulez-vous un, baril à Barrette, ou non?!

– Oui, je vais en prendre un. »

Cathy Gauthier
Les biscuits comiques

En 2004, Cathy fait partie de l'équipe de l'émission *Fun Radio* à CKOI FM, en compagnie de Charles Lafortune, Virginie Coossa et Dominic Paquet. Lors d'une sortie à la station de ski Bromont, le recherchiste-scripteur de l'émission décide de gâter ses collègues en leur préparant des biscuits maison. Juste avant l'entrée en ondes, il insiste pour que tous goûtent le fruit de son labeur, ce qu'ils font.

La première demi-heure du show se déroule bien, mais rapidement, plus personne ne semble être cohérent dans ses propos. Dominic et Cathy ne peuvent livrer leurs gags, Virginie fige devant son bulletin de météo, même Charles a de la difficulté à amener les liens et à faire son travail d'animateur. N'en pouvant plus de retenir son rire et son secret, le cuisinier d'un jour avoue avoir ajouté un ingrédient magique et thérapeutique à la recette de biscuits de sa grand-mère. Disons simplement que les pépites de chocolat avaient été cultivées dans un sous-sol de Pointe-aux-Trembles.

Le reste de l'émission ne sera que confusion, désordre, fous rires, et surtout très musical afin de réduire au minimum les interventions en ondes de l'équipe aux yeux vitreux, dont l'esprit était maintenant aussi rapide qu'une calèche sans roues avec le cheval attaché à l'envers.

Jean-Michel Anctil
Tout inclus

Quand vient le temps d'évaluer une offre pour faire un spectacle privé, plusieurs critères entrent en ligne de compte : la date, le lieu, le cachet, la durée et, dans le cas de cette histoire, la promesse que l'artiste pourra faire gratuitement de l'équitation et du rafting pendant la journée. C'est un des points qui distinguent le métier d'humoriste des autres professions ; rarement un comptable se fait dire : « Si tu viens travailler chez nous, on te fournit la jument pis le Zodiac ! »

C'est d'ailleurs ce point qui a séduit le jeune Anctil en 1994, alors qu'une compagnie de vêtements de sport lui offre ces activités gratuites avec le groupe de spectateurs dans la journée, ainsi qu'un cachet de dix dollars la minute pour un show de 20 à 30 minutes le soir venu. JM négocie même d'amener avec lui un ami qui pourra bénéficier de ce deal du siècle.

La matinée débute bien mal, alors que la pluie garde tout le groupe sous la tente, où il y a un bar, qui est ouvert. À 13 h, les nuages disparaissent, tout comme le jugement des participants qui sont simplement trop intoxiqués. C'est en voyant un joyeux luron vomir sur un de ses chevaux que le patron de l'écurie ferme boutique, de peur d'en voir un autre, en manque d'affection, tenter de s'accoupler avec un destrier. Le responsable du rafting fait de même quand il voit deux types se frapper à coups de pagaie.

L'organisateur de l'événement se retrouve donc avec un groupe de personnes saoules et agressives qui n'ont rien à faire, et un humoriste de la relève. Place au spectacle ! Tous se dirigent vers la grange où un échafaud a été installé pour accueillir le patriote Anctil. Curieusement, le public est plutôt attentif, sauf pour un déchaîné, crieur d'insultes, à qui Jean-Michel tente de fermer le clapet en répliquant à toutes ses attaques. L'hurluberlu, grand maître du jugement, réagit comme le ferait tout bon crétin : il se met à brasser la structure de l'échafaud pour déstabiliser le petit comique, ce qui amuse grandement l'assistance qui en redemande. Jean-Michel, se sentant un peu comme Roger Giguère que l'on tente de faire tomber dans la piscine aux *Tannants*, se souvient qu'il est payé à la minute. Il regarde sa montre et endure le manège en comptant les minutes jusqu'à ce qu'il atteigne le chiffre 20 et, donc, le montant de 200 dollars. Intéressant de constater que plus tôt en journée les organisateurs ont tout fait pour protéger la santé des chevaux et l'équipement de rafting, mais pour ce qui est du joker, c'était simplement : « Shake-le !!! Shake-le !!! Je paye la traite s'il se casse la clavicule ! »

François Morency
Le rire d'Yvon

La première édition des *Parlementeries* a lieu à l'automne 1994. Yvon Deschamps, Daniel Lemire, Pierre Légaré, Michel Courtemanche, plusieurs autres vétérans ainsi qu'une couple de nombrils verts, dont le mien, en font partie.

La première lecture des textes de ce spectacle demeure à ce jour la plus grande montée de stress que j'aie vécue. Six semaines avant le show, environ la moitié de la distribution est réunie dans un local, et chacun notre tour nous lisons la première version de nos textes respectifs. Faire du matériel pour la première fois, ce qu'on appelle communément dans l'industrie « casser du stock », est toujours une épreuve on ne peut plus déstabilisante. Ne pas savoir si ça va rire et, si oui, à quel moment, fragilise très rapidement la plus solide des confiances. Très souvent, des mois d'écriture sont jetés à la poubelle à cause de l'absence de réaction. Maintenant, prenez ce feeling et multipliez-le par cent lorsque ce processus est fait devant d'autres humoristes. Et par mille si Yvon Deschamps est présent.

C'est donc avec l'angoisse de sœur Angèle qui fourre une dinde devant la Vierge Marie que je lis mon texte. Malgré cela, ils rient. Tous. Même Yvon. Surtout Yvon, en fait, avec ce rire caractéristique que j'ai entendu si souvent. La différence est que, cette fois-ci, ce rire m'est destiné. Toute ma vie, j'ai cherché à plaire aux filles, à avoir leur attention et à me valoriser de leur estime. Mais il n'y a que deux hommes de qui j'ai voulu avoir l'approbation: mon père et Yvon Deschamps.

Je sors de là en volant. Le pape aime ma prière! Pavarotti aime ma voix! Claude Poirier aime ma bonne humeur!

Le soir de la première, dix minutes avant que le public entre dans le St-Denis, je vais sur scène et répète mon texte pour la 700 000ᵉ fois. Je suis nerveux mais confiant. Yvon a trouvé ça drôle! Qui viendra dire le contraire? C'est alors que j'aperçois Yvon, sur scène lui aussi, qui fait les cent pas et qui répète son numéro. Il me semble très anxieux. Mon univers s'écroule. Pourquoi est-il nerveux avant un show d'humour? C'est moi la recrue, pas lui! C'est comme si un lion tremblait avant d'attaquer une antilope! Si lui est agité, je ferais aussi bien d'avaler tout de suite un container de poison à rats! Ne pouvant en tolérer plus, je vais lui parler:

« Êtes-vous nerveux?

– Mets-en!

– Pourquoi? Vous êtes Yvon Deschamps!

– Quand t'as des acquis, une réputation, les gens ont des attentes, ils en veulent toujours plus, et t'as peur de les décevoir. Si tu penses que t'es nerveux ce soir, viens m'en reparler dans 15 ans!»

Quelques années plus tard, j'animais un gala Juste pour rire et Yvon était un de mes invités. Je lui ai confirmé qu'il avait raison, que c'était de pire en pire. Il a ri. Je n'en demandais pas plus.

REMERCIEMENTS

Aucun projet ne peut se faire si on est complètement seul. Comme, voyez-vous, ce matin, j'ai voulu me moucher. Mais je dois avouer que sans l'aide de Pedro, mon préposé aux kleenex (qui était plus occupé et en quasi-burn-out lorsque j'étais adolescent), et sans l'essentiel soutien de madame Célestine de La Durantaye, qui couvre tous mes bruits de corps en jouant du clavecin (qui était plus occupée et en quasi-burn-out lorsque je suis allé au Mexique visiter la famille de Pedro), je n'aurais jamais pu y arriver.

Ce livre n'aurait jamais pu se faire lui non plus sans l'apport de quelques essentiels que je vous présente à l'instant.

À mon gérant, ami et premier lecteur, Martin Langlois; pour la constante motivation et l'indéfectible soutien. (Au prix qu'il charge, il a intérêt à être motivant, me direz-vous.)

À mon éditeur, Erwan Leseul, et son équipe des Éditions de l'Homme; pour l'immense confiance qu'il m'a témoignée tout au long du processus. (Pendant nos deux premiers meetings, je ne savais pas comment prononcer son nom, alors je disais simplement: « Vous, l'éditeur. »)

À tous mes collègues de l'industrie de l'humour, qui ont rapidement et généreusement accepté de me donner leur temps et leurs histoires d'humiliation. Merci pour la grande confiance. (Ce sont tous des insécures maladifs en constante recherche d'exposition médiatique. Dans le fond, je suis celui qui leur rend service, soyons honnêtes.)

À Jean-François Vachon, pour les magnifiques illustrations de la couverture et dans tout le bouquin. (C'est fou de voir jusqu'où on peut se rendre dans la vie lorsqu'on prend au sérieux son cours de peinture avec les doigts à la maternelle. Sachez qu'il a été payé en crayons de cire.)

À mes lectrices-cobayes, Mélanie Bégnoche et Marie-Annick Boisvert. (Je précise qu'elles n'ont pas de vie et étaient très heureuses de sauver quelques dollars en lisant ce chef-d'œuvre gratuitement.)

À André Gloutnay, archiviste officiel de Juste pour rire, qui m'a donné de très utiles précisions historiques et chronologiques. (Cet homme connaît tous les gags de tous les humoristes ayant existé depuis 1925. À mon avis, c'est un androïde.)

À mon ami et collaborateur Pierre Prince, pour sa fine analyse et ses précieuses suggestions. (Il est un vieux monsieur sénile que je soutiens par le biais d'un programme gouvernemental.)

À Claude Meunier, pour la préface du livre. (J'aime bien donner un coup de main aux jeunes de la relève.)

Au jazzman américain Terence Blanchard qui, avec sa trompette, m'a accompagné dans l'écriture. (Il n'était pas physiquement présent, enfin, juste les mercredis.)

Au dictionnaire des synonymes (qu'on peut aussi appeler le livre des équivalences, le volume du semblable, le manuel du comment ne pas se répéter, l'index des deuxièmes options, le registre des autres façons de dire les choses).

Au public; les généreux comme les discrets, les bruyants comme les silencieux, les sobres comme les saouls, les vrais fans d'humour comme les débutants du rire, les habillés comme les nus. Merci de remplir les salles de spectacle, les miennes et celles des autres. Sans vous, non seulement ce livre n'existerait pas, mais, de plus, tous ceux et celles qui y participent seraient de purs inconnus. (Et pour votre divertissement humoristique, vous en seriez réduit au chien mexicain avec une robe qui danse le merengue, et autres clips de YouTube.)

Table des matières

Suivez-nous sur le Web

Consultez nos sites Internet et inscrivez-vous à l'infolettre pour rester informé en tout temps de nos publications et de nos concours en ligne. Et croisez aussi vos auteurs préférés et notre équipe sur nos blogues!

EDITIONS-HOMME.COM
EDITIONS-JOUR.COM
EDITIONS-PETITHOMME.COM
EDITIONS-LAGRIFFE.COM

MARQUIS

Marquis imprimeur inc.

Québec, Canada
2012

Achevé d'imprimer au Canada
sur papier Enviro 100 % recyclé